JN215546

高橋俊之・舘野泰一［編著］

リーダーシップ教育のフロンティア

高校生・大学生・社会人を成長させる
「全員発揮のリーダーシップ」

実践編

中原 淳［監修］

北大路書房

監修者からのご挨拶

日本のリーダーシップ教育の「夜明け前」である。

本書「リーダーシップ教育のフロンティア」は，立教大学経営学部において リーダーシップ教育の推進に尽力してきた舘野泰一氏，高橋俊之氏が中心となって編んだ日本で初の本格的なリーダーシップ教育論，リーダーシップ開発論である。

2018年，本書は「研究編」と「実践編」という２冊のシリーズで同時に刊行される。著者には，先ほどの編者に加えて，シェアド・リーダーシップ研究の第一人者である立教大学経営学部 石川淳氏，かつて立教大学のリーダーシップ教育を立ち上げ，現在は早稲田大学で同教育を推進する日向野幹也氏，そして筆者が名を連ねている。レイアウトや一部の原稿の構成には，広く大学教育を取材し続けてきた小河原裕一氏が参画している。

本書の冒頭における監修者の言葉として，本書が，なぜ「研究編」と「実践編」という２分冊を採用したのか，その理由を簡単に付記しておきたい。それは，リーダーシップ教育論，リーダーシップ開発論といった領域が，「研究と実践」「理論と実務」という２つの異なる領域を常に架橋しつつ，そこで得られた経験や知見を「往還」しながら発展していくものと，本書の筆者らが強く信じているからに他ならない。

「研究編」を読み，いつの日か「実践編」を手にする日を待つ。
「実践編」を読み，いつの日か「研究編」に目を通す日を願う。

もちろん，最初は片方だけでもかまわない。興味をもった方，どちらからでもお読みいただけるよう，本書は編まれている。

しかし，「いつの日か」実現するであろう，このダイナミックな「往還運動」

こそが，リーダーシップ教育論・リーダーシップ開発論をさらに先鋭化させ，卓越したものにすると，私たちは信じている。実践を志す読者諸兄は，まず実践編を読み，いつの日か，研究を志す日を夢見てほしい。研究編を手にとった諸兄には，まずは研究編を読み，いつの日か，地に足のついた実践と格闘してほしい。

筆者らは，このような思いを強く抱きしめ，本書を社会に提案する。

本邦は資源を持たぬ国である。この国が有する数少ない資産は「優秀な人材」であり，彼ら／彼女らが発揮するリーダーシップに他ならない。本書がきっかけで，さらに多くの人々が，次世代のリーダーを育成することに挑戦してくれることを，願う。

瑠璃色の空に，日の光が昇る。

日本のリーダーシップ教育の「夜明け」である。

立教大学の蔦はうレンガキャンパスにて

監修者：中原 淳（立教大学経営学部教授）

はじめに

高橋俊之

1 なぜいまリーダーシップ教育なのか

本書のメインテーマは「学校におけるリーダーシップ教育」である。しかし，それは，リーダー候補を将来に備えさせるため（だけ）のものではない。本書のリーダーシップ教育はすべての若者を対象にしている。大学の１年生であっても，まもなく卒業して職場の一番下に入る人でもすぐに発揮できるリーダーシップの教育を扱っている。

読者の中には，編者がそのようなメインテーマを掲げると，いぶかしがる方もいるかもしれない。リーダーシップというと日本では「リーダーが，カリスマ性や責任感を持って，周りを引っ張ったり，まとめたりすること」というイメージがまだ強い。

だが，いまや世界標準で言われるリーダーシップの概念は，本シリーズ研究編の第１章で石川が示すように「職場やチームの目標を達成するために他のメンバーに及ぼす影響力」といったものになってきている。リーダーシップ行動には，チームが沈んでいる状況でムードメーカーとしてがんばることや，プロジェクトがうまくいくように進んで裏方仕事をするといったことも含まれる。

またチームの動き方も，だれか１人がいつも指揮をとって他の人はそれに従うという形から，全体の管理はマネジャーがおこないつつも，状況に応じて適した人がリーダーシップを発揮する「シェアド・リーダーシップ」の形を取るべきことが増えている。リーダーシップという社会現象を，メンバー全員で生み出していこうという考え方である。

このような「すべての人が発揮するリーダーシップ」が世界標準となってきているのには，近年の社会状況の変化が大きく影響している。詳しくは第７章で述べるが，社会環境はかつてに比べ，

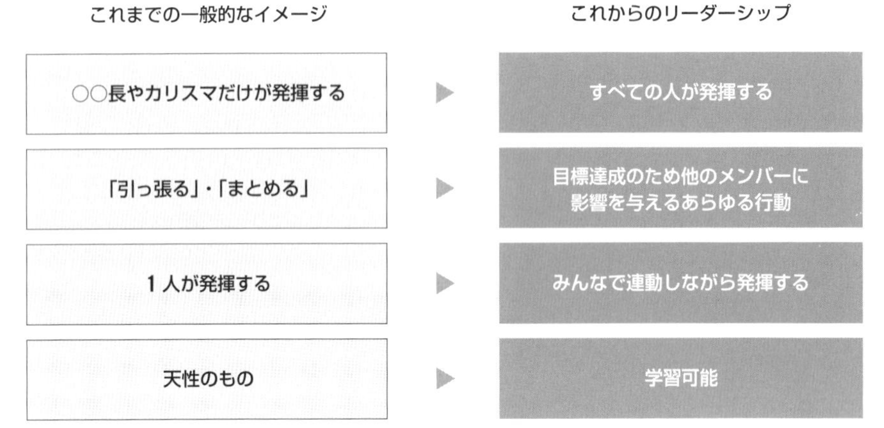

図1 リーダーシップとは

- 複雑かつ変化が多い
- 創造性が求められる
- スピードが求められる

ようになっている。

このような社会の状況に対応していくためには，企業においても，他のあらゆる組織においても，1人のリーダーがすべてを仕切るのではなく，すべてのメンバーが目的を理解したうえで自律的かつ連携しながら動く必要がある。このようなリーダーシップのあり方の変化を整理したのが，**図1**である。

このようなリーダーシップのあり方の変化に伴い，企業は当然，それに対応できる人材を求めるようになってきている。新卒採用においても，すべての人について，学生時代の「リーダーシップに関する経験」に注目するようになってきている。

このような動きとリンクするように大学でも教育改革が進み，大学の授業にPBL（Project-Based Learning）やインターンシップなどの教育手法が取り入れられるようになっている。また2020年には大学の入学試験制度が大きく変わり，学力による一般入試の募集枠が減る一方で，推薦やAO入試で自分の特技やリーダーシップをアピールして入学する枠が増えると予想される。つまり，リーダーシップ教育の必要性が大学でも高校でも高まっている。

2 リーダーシップ教育のハードルはクリア可能なのか

しかし，現実にリーダーシップ教育をおこなうには，次の3つのようなハードルが高いと感じる方が多いかもしれない。以下，これを順に論じてみたい。

- **ハードル1**：意欲や主体性を引き出すのが非常に難しい
- **ハードル2**：効果的な教育手法がなかなか見つからない
- **ハードル3**：高校では受験準備との兼ね合いが難しい

ハードル1 意欲や主体性を引き出すのが非常に難しい

先に述べたようにリーダーシップとは「集団の目標達成のために他のメンバーに及ぼす影響力」である。「他のメンバーに影響力を及ぼす」レベルに達するには，言われたことだけやっているのでは足りず，意欲，主体性を持つことが必要になる。しかし，部活や趣味のように本人が好きでやっていることを除くと，主体性や意欲を持ってやることがないという学生・社会人の声をよく聞く。しかも何かを暗記するのと違って，「試験に出るから」と詰め込んでも主体性，意欲を伸ばすことはできない。

ハードル2 効果的な教育手法がなかなか見つからない

仮に意欲を引き出せたとして，「自分で考える」「人を巻き込む」「自分を活かす」といったリーダーシップ発揮に必要なことをどうやってできるようにするのか，という問題である。とりわけ「全員がリーダーシップを発揮する」となるとハードルは高く，効果的な教育手法がなかなか見つからない，という悩みをよく耳にする。

ハードル3 高校では受験準備との兼ね合いが難しい

高校ではやはり受験準備の優先順位が高く，学校は保護者からのプレッシャーを強く感じる。その中であえてリーダーシップ教育に時間とエネルギーを割くことが難しいという声もよく聞く。

本書（実践編）を通して編者が意図したのは「リーダーシップ教育のハードルをクリアする方法を，実践事例を通して語ること」である。

たとえば，ハードル1の「意欲・主体性を引き出す」ことにおいては，立教大学経営学部の基幹プログラムである「ビジネス・リーダーシップ・プログラム」（BLP）に組み込んでいる「演出」等の技法が，現代の若者たちの意欲と主体性を引き出すことに成功している（第3章）。

またハードル2に関しては，リーダーシップを発揮するのに必要な要素（能力・資質）を身につけることでクリアできると考えている（第1章）。そして，実践女子大学人間社会学部で松下慶太准教授が取っている手法は，リーダー経験の少ない人たちがリーダーシップを発揮するためには何が必要なのか，それはどのように高められるのかを，1つの答えとして示している（第7章）。

興味深いのは，早稲田大学のグローバルエデュケーションセンターでおこなわれているリーダーシップ開発プログラム（LDP）も「すべての人のリーダーシップを引き出す」ことに力を入れていることである（第8章）。これは「早稲田の学生は個としては優秀だが周りを活かす力を伸ばす必要がある」という考えからきている。周りを活かせてこそ真のリーダーになりえるということである。

3つ目のハードル「高校では受験準備との兼ね合いが難しい」に対しては2つの観点を紹介したい。

1つはリーダーシップ教育が授業や行事の成果も高めること，もう1つは授業やクラブ活動，行事に工夫を加えることでこれらの中でリーダーシップ教育が可能なことである。

リーダーシップ教育が授業や行事の成果も高めることは，たとえば東京都立駒場高等学校の木村裕美先生による家庭科の授業に見て取れる（第2章，第9章）。リーダーシップ教育によって，生徒たちはより主体的に授業に取り組むようになり，その結果，学ぶ力や応用力の向上が期待される。また私立淑徳与野高等学校の剣道部は，生徒たちにリーダーシップを発揮させることによって，学業とクラブ活動を両立させ，1日1時間半しか取れない練習時間の中で，インターハイや国体などの全国大会に毎年のように出場している（第1部，第2章）。

リーダーシップの授業を独立でおこなわなくとも，授業やクラブ活動の中でリーダーシップ教育がおこなえることを，両校の例が示している。駒場高校の家庭科の授業は家庭科の指導要領の通りに進むが，習得の過程にリーダーシップ教育がいろいろな形で組み込まれている。また淑徳与野高校の剣道部顧問，平井健輔先生はリーダーシップという言葉をことさらに口にはしないが，後にふれるように，剣道部の活動にはリーダーシップ教育のポイントがしっかり入っている。

3 本書の構成

本書（実践編）は以下のような構成になっている。

序章：リーダーシップ教育最前線

ここではいろいろなリーダーシップ教育の現場を簡単に紹介する。5校のレポートを読むことで，あらゆる人のために，あらゆる場で，あらゆる機会を利用してリーダーシップ教育をおこなうことができること，またその意味が大きいことを感じていただければと思っている。

第1部：リーダーシップ教育の全体像（第1章，第2章）

第1部ではリーダーシップ教育の枠組みを紹介する。まず第1章で，リーダーシップとリーダーシップ教育について最新の研究に基づき説明する。そして第2章では，リーダーシップ教育の標準的な組み立て方を，リーダーシップの授業，通常科目の授業（家庭科），クラブ活動（剣道）の3つの事例を使って解説する。

第2部：リーダーシップの具体的な教育手法（第3章〜第6章）

第2部では，より具体的な教育手法の説明をおこなう。まず第3章で学び手の意欲・主体性を引き出す具体策を紹介する。第4章からはリーダーシップ発揮に必要な能力・資質を高める方法を述べる。

第3部：リーダーシップ教育のイシュー（第7章〜第10章）

第3部では，リーダーシップ教育に関連するイシューについて考える。具体的には，リーダーシップ発揮の経験がほとんどない人たちや，逆に，みずからをリーダー候補と自認している人たちのリーダーシップ教育の事例や，高校でのリーダーシップ教育，企業の受け入れ体制についても紹介する。

終章：リーダーシップ教育の未来展望

最後にリーダーシップ教育の方向性やこれから取り組むべきことについて議論する。

4 本書を読んでいただきたい方々

本書はまず，大学や高校でリーダーシップ教育を実践されている，あるいはしたいと考えておられる方々に読んでいただきたいと考えている。また，キャプテンやゼミ長のような立場で「部やゼミを活性化したい」と考えている学生にも参考になるだろう。執筆陣が大学でリーダーシップ教育を実践しているため，大学での例が多くなるが，高校での例も取りあげており，高校でも転用可能な部分は多くあると考えている。

そして，企業における人材育成の担当者や，若年層に関わる現場のマネジャーにもぜひ読んでいただきたいと考えている。1つは，このような教育を受けた学生たちをぜひ活かしてほしいという切なる想いからである。もう1つは，ここにある考え方は企業におけるリーダーシップ開発にも応用可能と考えるからである。

5 研究編との関係

本書の最大の特徴は「リーダーシップをいかに教育するか」について，研究・実践の両面からアプローチしている点である。

研究編では，最新のリーダーシップの理論について整理し，今後のリーダーシップ教育を考えるための概念的な枠組みを示し，それをもとに具体的な事例について効果検証をおこなうことを目的としている。研究編を読むことで「最新の研究ではリーダーシップはどのように捉えられているのか」「リーダーシップを教育するための理論的背景とはどのようなものなのか」「実際にどのような効果が得られているのか」などを理解することができる。実践編における事例も，研究編の枠組みを用いて説明するため，「なぜそのような枠組みになるのか？」などを深く理解することができる。ただし，研究編では，具体的な設計の手法や，細かな実践の工夫までは説明できていない。

この課題に挑戦しているのが実践編である。実践編では，研究編で示した枠組みをもとにしながら，実際に現場でリーダーシップ教育をおこなううえで，どのような点に留意して設計すればよいのか，どのような工夫が必要なのかを理解することができる。ただし，「なぜその手法が効果的であるのか」などの背景理論は，研究編で詳説しているため，実践編では最低限の説明にとどめている。

つまり，両書を合わせて読むことで，「なぜいま新しいリーダーシップが求められているのか」「最新の研究ではリーダーシップがどのように捉えられているのか」「リーダーシップ教育では具体的に何をどのように設計すればよいのか」について，包括的に理解することができるよう構成されている。

なお，本実践編は，ひろく実践家の方々に読んでいただくため，研究編とシリーズとはいいながら，研究書というよりも一般的な実用書の体裁を採っている。研究編から読まれた方々は最初，違いに戸惑われるかもしれないが，ご容赦いただきたい。

日本ではリーダー不在，リーダーシップの欠如が長いこと問題視されている。しかし全員が周りを見渡し連携する形は，実は日本の得意とするところであろう。若者も含めたリーダーシップ教育があらゆる場で進むことは，今の社会が直面している大きな課題をクリアするとともに，個人がいきいきとして生きていけるようになるための強力な打開策であると考えている。本書がその一助となればとても嬉しく思う。

Contents

第2部　リーダーシップの具体的な教育手法

序章 リーダーシップ教育最前線

Front Line of Leadership Education

すべての人のための「リーダーシップ」の教育は，いま，全国の大学や高等学校の教育現場に広がっている。立教大学経営学部では，リーダーシップ教育を全学生の必修科目とし，学部教育の核の1つに位置づけている。実践女子大学では，小学校・中学校・高等学校において，これまでリーダーシップを発揮するような経験の少なかった学生たちに，「自分を，何か・だれかのために活かすこと」の価値を教え，「生きる力」につなげようとしている。リーダー意識の高い学生が多い早稲田大学では，自分自身がリーダーシップを発揮するだけでなく，他者のリーダーシップを発揮させることにも注目している。リーダーシップ教育の進展は，大学だけではない。東京都立駒場高等学校の家庭科の授業や，私立淑徳与野高等学校の剣道部の活動からは，リーダーシップ教育が生徒たちの成長につながっていることが読み取れる。実践編の本論に入る前に，教育現場におけるリーダーシップ教育の最新の取り組みを見てみよう。

（取材・文／小河原裕一）

立教大学経営学部・ウェルカムキャンプのグループワーク風景。
授業開講前のオリエンテーションの場で，本格的なプロジェクトワークに取り組む

Front Line

学部教育の柱として取り組む リーダーシップ教育

立教大学経営学部 BLP（ビジネス・リーダーシップ・プログラム）

2018年度の入試難易度予想で，立教大学経営学部は慶應義塾大学経済学部や早稲田大学政治経済学部などと並んで，偏差値67.5をマークし，私立大学の経済・経営・商学系学部の最難関学部に仲間入りした※1。

学外からの評価を高めている要因の1つは，同学部で推進されているリーダーシップ教育だ。立教大学経営学部ではさまざまな授業，ゼミ活動でリーダーシップ教育が推進されているが，その核となっている科目に経営学部の学生全員が参加するBLP（ビジネス・リーダーシップ・プログラム）がある。世界中のどこへ行っても自身の能力を発揮でき，多様な価値観を持つ人々と協働できる人材の育成を目的としたBLPは，1年春学期の「BL0（リーダーシップ入門）」から社会人への架け橋となるBL4まで，7科目を2年半～4年で学ぶプログラムだ。駆け足で紹介しよう。

※1　河合塾（2017）入試難易予想ランキング表．(Retrieved March 11, 2018, from http://www.keinet.ne.jp/rank/).

東京・有明の東京ビッグサイトにおいて２日間にわたっておこなわれた，2017年度の「ウェルカムキャンプ」

ウェルカムキャンプ

新入生のリーダーシップ教育は，新学期開講前の「ウェルカムキャンプ」から始まる。

2017年度は，東京ビッグサイトの大ホールに経営学部の全新入生が集まった。入学の喜びにあふれて勉学意欲に燃えている新入生も，大学では大いに遊ぼうとたくらんでいる新入生も，これから始まる大学生活にそれぞれの思いをいだきながら，緊張した面持ちで座っている。

オープニングムービーが終わり，「ようこそ，立教大学 経営学部へ！」と第一声を発したのは，進行役の学生スタッフだ。SA（スチューデント・アシスタント），CA（コース・アシスタント），メンターなどの学生スタッフは，BLP運営において重要な役割を担っている。

１泊２日のキャンプの狙いは①経営学部での学び方を体験し，②つながりの輪を広げ，③自分の強みを見つけるきっかけにすることで，大学生活への期待を高めることにある。まず１日目は，春学期BL0のプログラムの圧縮版を体験する。連携企業から提示された課題に取り組むプロジェクトワークだ。2017年度の連携企業は若者に人気のセレクトショップを

リーダーシップ目標を掲げてグループワークに入る。BLPではごく見慣れた風景

展開するBEAMS。出された課題は「若者のファッションの楽しみを倍増させるために，BEAMSができることを提案せよ」というものだった。

経営学部とはいえ，まだ授業も始まっておらず，ビジネスに関する知識などゼロに等しい。グループワークをするのもほぼはじめてだ。そんな新入生たち425人が，18クラス90グループに分かれ，手探りで議論を始める。

朝，見知らぬ同士で挨拶さえもぎこちなかった新入生たちが，オープニングセッション，アイスブレイク，そしてこのプロジェクトワークとプログラムが進むにつれ，少しずつ様子が変わってくる。声が大きくなり，笑顔が増え，目は真剣味をおびてくる。プレゼンテーションをするころには，グループやクラスの一体感さえ感じられるようになる。

2日目，プログラムは前日のビジネスプロジェクトとは打って変わって，個人の内面を掘り下げ，グループメンバーと話し合うものが中心になっていく。たとえば自分がどんな時に本気になれるのかを探るワークでは，中学～高校時代を振り返る。

「クラブ活動には全力で取り組んでいた」という人に対して，「なぜ，全力で取り組めたの？」

「勝ちたかったから」

それに対し，「他にもある？」

「キャプテンに選ばれてから特にやる気が出た」

「ということは……」と探っていく。

きのう会ったばかりの相手に対してそんなに自己開示できるのか？と思いたくなるが，見ているとグループでの会話は活発におこなわれている（そのためのしかけは第5章で説明する）。

ウェルカムキャンプ後のアンケートには，「経営学部には自分が全力をかけることがあり，相手にきちんと反応を返してくれる人がいる!! ということを知り，全力をかけてやれば無駄にはならず，むしろ倍になる可能性があることに気づいた。ここで物事に全力で取り組む価値は冷やかしではなく本当にあるんだと思った」とお手本のようなコメントから「めっちゃ楽しかった♥Happy!!!!! 立教レベチ（レベルが違う）」と素直に感動を表すものまで，新入生たちの驚きと新学期への覚悟が，さまざまな言葉で表現されている。

ふせんを使ったワーク。はじめての人でもアイデアを出しやすい

モチベーションの変化を図示。パワーポイントをはじめ，様々なワークツールは，SAやCAが受講生にとって使いやすいように工夫してデザイン・アレンジする

BL0（必修科目）

1年春学期のBL0は，ウェルカムキャンプの1日目に課題を提供してくれたBEAMSが連携企業となり，3か月間のプロジェクトワークをおこなう。2017年度のテーマは「“ジブンゴト”として捉えられるテーマを1つ選び，BEAMSができることを提案せよ」だ。ウェルカムキャンプでの経験があるので，グループワークは比較的スムーズにスタートするが，すぐに試行錯誤が始まる。“ジブンゴト”って何だろう？ それって市場は？ BEAMSって何ができるの？ 何とかアイデアを捻り出し，プランにまとめる。

中間地点となるポスターセッションは，他チームとの情報交換によって提案を再構築する場となる。チームのメンバー一人ひとりがチームを代表してプランを説明し，質問を受け，考え，答えながら企画をブラッシュアップし，プレゼンテーション大会へとつなげる。

グループメンバーと濃密な時間を過ごし，他者と関わりながら提案を作り上げるという経験から，学生たちは「自分らしいリーダーシップ」を探り，伸ばす。そして夏休みの後，BL1へと進んでいく。

BL0　本選のプレゼンテーション風景。グループワークさえおぼつかなかった受講生たちが，2か月半後には，大ホールで堂々と企画案をプレゼンテーションしている

BL1

（経営学科：必修科目，国際経営学科：選択科目）

BL1は一転してスキル科目だ。リーダーシップ発揮に活かせる「論理思考」を学ぶ。論理思考は，ビジネスの世界でとみに必要性が叫ばれているものの，社会人にとっても手強い分野である。授業では，人を動かすロジカルコミュニケーションや，よいアイデアを出すための思考法，よい意思決定の仕方などを身の回りの出来事を題材に学んでいく。BL0に比べて，個人で考える課題が増え，「難しい」「大変だ」という声があがるが，授業はいつも活気がある。経営学部2学科のうち，国際経営学科では選択科目になるのだが，約9割の学生が履修する。特徴的なのは総仕上げとして，受講生たち全員が高校生に論理思考を教える「高校生BL1」というイベントを開催することだ。

BL1　高校生BL1（対外的には『立教経営1day Passport』）。3か月半前に学び始めたばかりの論理思考を高校生に教え，リーダーシップを見せる側に立つ。この企画は2018年で5回目を迎えるが，高校生の満足度は，今年も4.8（リッカートスケールで5点満点）という高いスコアになった

クラスを進行するSAは，受講生の憧れでもある。SAは自由応募制だが，応募倍率は3倍にもなる

毎授業ごとにおこなわれる，教員とSAによるミーティング。その日の振り返りをしつつ，次回授業の方向性を確認する

BL2

（経営学科：必修科目，国際経営学科：選択科目）

２年生春学期のBL2は，再びビジネスプロジェクトだ。大学に入って1年が経ち，ゼミ，クラブ活動，バイトなど，やりたいことややるべきことが増えてグループワークの時間も合わせにくい。それぞれの優先順位も違う。企業から持ち込まれるテーマも，難易度が上がり，提案に対する要求も高くなるが，受講生たちはBL1で身につけた論理思考という武器を使って挑む。

また，２年生になるとSA（Student Assistant）やCA（Course Assistant）として，BLPの運営に携わるものも出てくる。SA・CAは自由応募制だが，BL0，BL1で得たスキルと経験を活かし，後輩たちのリーダーシップ教育を支援していこうと，多くの学生が手をあげる。たとえば2018年度は，BL0のSA・CAの募集人数36名に対して，100名を超える応募があった。

BL3-A，3-B，3-C，BL4（選択科目）

２年次以降の科目としてBL3に３種類のスキル・知識科目が用意されている。さまざまなリーダーシップ経験とリーダーシップ理論との結びつきを学ぶBL3-A，リーダーシップを発揮するためのコミュニケーション力を磨くBL3-B，さらに，BL1で学んだ論理思考をさらに一段進め，意識しなくても論理思考ができるようなレベルを目指すBL3-Cの３講座だ。これらの講座でスキルを身につけながら，BL0，BL1のSAを目指したり，SAとして実戦経験を積んだりしてリーダーシップを磨き上げていく学生も多い。

３年生以上を対象とするBL4は，経営学部に限らず全学部生が履修可能なプロジェクト型学習だ。多様なメンバーで連携企業の課題に取り組む。就職活動が始まる時期でもあり，自分の目指す業界･企業について真剣に考えながら，より実践的なリーダーシップを学ぶことができる。

全学共通科目GLP

BLPは立教大学の経営学部のプログラムだが，全学部生が履修可能なカリキュラムとしてGLP（Global Leadership Program）も用意されている。こちらもプロジェクト科目やスキル科目が用意されているが，それに加えて，これらの内容を英語で授業する科目や，海外でのワークショップを取り入れた科目などもある。

――ウェルカムキャンプで動機づけし，リーダーシップ科目を初年度必修科目として30名以下の少人数クラスで開講。企業による支援，SAたち学生の授業運営参加など，充実したプログラムは，諸条件の揃った立教大学だからできるのでは？と思われるかもしれない。しかし，必ずしもそうではないことを，BLPを作りあげてきた担当教員たちが第2章以降で解説する。

BLP Business Leadership Program
経営学部

BL4	起業グループプロジェクト 3・4年次 選択科目
BL3-C	実践で学ぶ論理思考 2・3・4年次 選択科目
BL3-B	リーダーシップコミュニケーション 2・3・4年次 選択科目
BL3-A	使えるリーダーシップ持論構築 2・3・4年次 選択科目
BL2	課題解決グループプロジェクト 2年次 経営学科：必修科目 国際経営学科：選択科目
BL1	論理思考とリーダーシップ 1年次 経営学科：必修科目 国際経営学科：選択科目
BL0	リーダーシップ入門 1年次 必修科目

GLP Global Leadership Program
全学部対象 選択科目

GL302	Leadership in a Changing World 英語
GL301	グローバルリーダー海外実践
GL202	Leadership through Inquiry GL201の英語版
GL201	質問力を活用したリーダーシップ開発
GL102	他者のリーダーシップ開発
GL111	Introduction to Leadership GL101の英語版
GL101	PBLでリーダーシップ入門

プロジェクト型授業　スキル型授業

立教大学のリーダーシップ教育プログラム

BLP（ビジネス・リーダーシップ・プログラム）は，1年次の春学期のBL0から3年次の春学期のBL4まで，5学期，2年半にわたって授業がおこなわれる。リーダーシップを学ぶために，プロジェクト実行とスキル強化を交互におこなうことが特徴だ

Front Line

だれもが成長できる。「生きる力」を育むリーダーシップ教育①

実践女子大学 人間社会学部 松下慶太准教授の取り組み

立教大学のBLPの講師も務める松下慶太先生は，東京・渋谷にある実践女子大学人間社会学部の准教授としてPBL（課題解決型プロジェクト学習）や多彩なアクティブラーニングの手法を活用しながら，女子学生のリーダーシップ教育に取り組んでいる。

「学生たちは，優しくて，まじめで，特に人に共感する力が優れているのですが，一方で，自分を主張することが苦手な人が多い」と松下先生は言う。リーダー的な立場で周囲を引っ張ってきたという経験も多くはない。

しかし，「これからの時代，言われたことをきちんとやれるだけでは厳しくなる」と語る松下先生の授業には，リーダーシップとは縁

◀上　松下ゼミが，渋谷駅前の100banchというイベントスペースで開催した「リフレクションシアター」。即興劇によって振り返り（リフレクション）を試みるイベントだ。たとえば，「子どもの習いごとを水泳にするかピアノにするかを話し合う夫婦」というようなテーマで，チームのだれかが即興劇を演じる。その後，劇に参加しなかったメンバーを含めて振り返りをおこない，演じた時の気持ち，観客としてみた時の感想などを共有することで様々な発見につなげる。企画，募集から実施運営までをゼミ生がおこなった

◀左　リフレクションシアターの解説をする3年生。高校時代までであれば，人前で話すことなど想像もできなかったという

◀右　オープニングのパフォーマンス。自分の殻を破って表現することに挑戦する

がないと考えていたような人たちのためのリーダーシップ教育のポイントが埋め込まれている。まず，学生たちの心や感覚に訴え，「おもしろい」「やってみたい」と思えるテーマや題材を見つけ出す。

たとえば，2017年度の人間社会学部の新入生セミナーでは，東急電鉄と提携し，渋谷エリアでフィールドワークをおこなった。区が掲げる「渋谷区基本構想」の中からテーマを選んで課題と提案をポスター発表するというものだ。

「渋谷のどこがおもしろいのか実際に見つけてみよう！」という問いかけは，それだけで学生たちの気分を高揚させ，彼女たちは笑顔で街に飛び出していく。

「正解を探すのではなく，自分の価値観を表現しよう」ということも繰り返し言う。

それまでの人生で，先生や親が持っている「正解」を当てることで評価されてきた学生たちにとって，これがなかなか難しい。PBLでは，「自分はどう感じているの？ それは自分がやりたいことなの？」と何度も問いかける。「好き・嫌い，おもしろい・おもしろくない」などの基本的な価値観を自分で意識し，表現することが大事だ。

そして，その価値観をだれかのために活かすことを考えさせる。「社会のために……」と大上段に構える必要はない。自分の身近のだれかのために行動することで，自分自身も活かされる。松下先生はそれを「半径5メートルの市民性」と呼ぶ。

自分の価値観を持ち，それを社会で活かすスキルは，彼女たちが発揮できるリーダーシップの第一歩であり，「生きる力」になる。

松下先生の取り組みについては，第7章で紹介する。

新入生セミナーのフィールドワーク。渋谷の街を歩きながら問題点を探り，改善策を考える

PBLの授業における「振り返り」。企業への提案は，学生たちにとってインパクトの大きい体験となる

Front Line

他者を活かす。公式リーダー候補たちのリーダーシップ

早稲田大学 リーダーシップ開発プログラム

2016年4月，早稲田大学の全学部共通カリキュラムを統括するグローバルエデュケーションセンター（GEC）に，「リーダーシップ開発プログラム（LDP）」が設置された。2032年の創立150周年に向けて策定した「WASEDA VISION 150」のなかで掲げる「10年間で10万人のグローバルリーダー育成」を実現するための取り組みの1つだ。

同センター所長の田中愛治教授は，「リーダーシップ開発（LDP）」のプログラム導入の理由を次のように語る。

「これまで，リーダーシップはリーダーだけのものであり，ゼミやサークルなどの活動の中で学生たちが切磋琢磨することで自然に磨

◀ LDPは，LD1からLD4までの4科目を1年間で順に開講する。写真は「質問会議」というスキル強化型のLD2の授業風景。この日はグローバルリーダー養成を目的としてプロジェクト型の演習授業をおこなっている『たくましい知性を鍛える（通称：大隈塾）』という科目の履修生を招いて，合同セッションがおこなわれていた。大隈塾の学生からは「言いたいことを言うのではなく，質問をすることで，みんなから発展的なアイデアを引き出すという『質問会議』の手法は新鮮で，大隈塾のミーティングでぜひ使ってみたい」「大隈塾では声の大きい人に押されて何もできなかったが，そんな私でも発揮できるリーダーシップがあることを知った」などの声があがった

田中愛治教授。グローバルエデュケーションセンター（GEC）所長。GECは，早稲田大学の全学共通の教育機関で，全学生に必須となる学術的スキル（基盤教育）やリーダーシップ教育などを提供している

10年間で10万人のグローバルリーダー輩出を目指す早稲田大学

かれていくと考えられていました。しかし，これからのリーダーシップは，その人の権限に関わりなく，だれもが自分の強みを活かしてチームに貢献することで発揮していくものになります。そのようなリーダーシップのスキルを，カリキュラムを通して身につけさせることができるというところに，『リーダーシップ開発』という科目の意義を感じています」

早稲田大学には，高校までにさまざまな経験を積んでいてリーダーとしての意識が高い学生が多い。そのような学生たちがグループワークをおこなうと，「リーダー＝優秀な人」と勘違いして，他者を「論破」することに力を注いでしまう人が少なからずいるという。一方で，優秀な学生や，声の大きい学生たちに押されて「私にはリーダーシップは発揮できない」と，本来の力を発揮できない学生もいる。そんな学生たちが，LDPによって変わっていく。「自分が目立つのではなく，周りを活かすことがリーダーシップだ」「声の大きい人に従うだけではなく，自分なりのリーダーシップの発揮の仕方がある」ということに気づくからだ。

学生たちが，本来のリーダーシップの発揮の仕方を身につけ，自分のクラブ，サークル，ゼミ，ボランティア活動，プロジェクト型の演習授業などでの言動が変わっていけば，早稲田大学全体が変わる。

「10年間で10万人のリーダーを輩出するというのは，すなわち，全学生がリーダーシップを発揮できるようになるということ。LDPはそのために欠かせない講座だと考えています」（田中教授）

早稲田大学における「権限によらないリーダーシップの教育」は始まったばかり。その実際は第8章で紹介する。

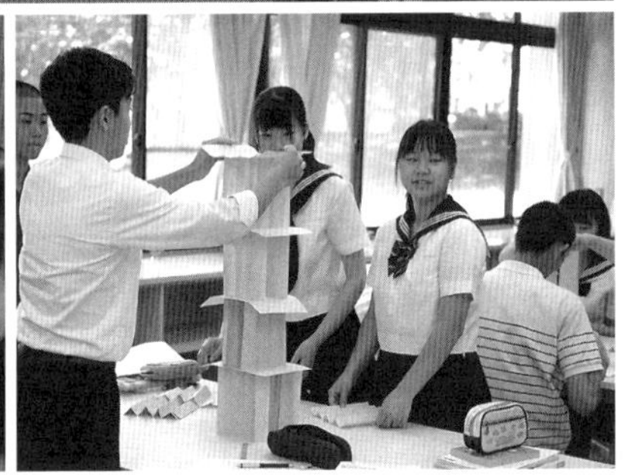

Front Line

高校・家庭科の授業で育むリーダーシップ

東京都立駒場高等学校 家庭科

駒場高校の木村裕美先生が，自身の担当する家庭科の授業に「リーダーシップ教育」を取り入れるようになったのは前任の高校に勤務していた2013年のこと。立教大学のBLPの授業を見学して，学生たちの成長する様子に「高校でも同様のことができないだろうか」と感じたのがきっかけだ。

高校では長く「生きる力とは何か」が議論されてきた。思考力，判断力，表現力が大切だといわれ，「総合的な学習の時間」が創設された。キャリア教育の重要性が問われ，アクティブラーニングなどの教育手法も導入されるようになった。

家庭科も本来は，生徒たちが家庭や社会の一員として主体的に生きていくための力を育む教科のはず。「主体性」を育む手法として

◀上　グループワークの成果を発表する生徒。「目的を意識する」「個人で考える」「グループで話し合う」「クラスで共有する」「振り返る」というサイクルは欠かさない
◀左　教室の入り口でグループ分けのくじを引く生徒たち。ピンポン玉に書かれた番号の席に座る。
◀右　難しい議論をするときには「アイスブレイク」で，場を和ませる。そのアイスブレイク自体も，実はリーダーシップ教育になっている

「チームの目標を達成するために自分の得意な分野で貢献する」という新しいリーダーシップの概念を用いると，生徒にとってもわかりやすく，教師としても指導しやすいはずだと考えたのだ。

木村先生の家庭科の授業は，「自分の未来を考える」から始まる。青年期から100歳までの自分をイメージさせたうえで，今の自分のあり方を考えさせる。家庭科は生き方を学ぶ科目なんだという意識づけをするのだ。

授業では「目的を意識する」「個人で考える」「グループで話し合う」「クラスで共有する」「振り返る」というサイクルを大切にし，生徒たちが主体的に取り組み，考えることに慣れさせる。グループ分けにピンポン玉によるくじ引きを使ったり，マシュマロチャレンジのようなゲームを使ったりして，雰囲気作りをすることも大切にしている。

生徒たちに主体性が見えはじめた6月に「リーダーシップとは何か」を考えさせる授業がおこなわれる。学校の文化祭の出し物の責任者が悩んでいる事例や，チームとして成果をあげるために悩むビジネスの世界の事例を用いて，リーダーとリーダーシップについて意見を交換していく。

「1人でいくらがんばってもダメだ」

「メンバー一人ひとりが役割を果たさないとチームは動かない」

生徒会長やクラブの部長が発揮するのがリーダーシップであると考えている生徒たちが，「自分にも発揮すべきリーダーシップがある」と気づく。

生徒たちがそれぞれのリーダーシップを意識しながらグループで活動するスキルを身につけると，他の授業もスムーズに進むようになるという。

たとえば調理実習1つとっても，生徒たちは役割を分担し，知っていることや気がついたことを互いに教え合い，どんどん作業が進む。実習の多い家庭科の授業は，グループワークで生徒たちが協働する機会も多いので，リーダーシップを発揮する絶好の場となっている。

リーダーシップ教育で変わる高校教育については第9章で紹介する。

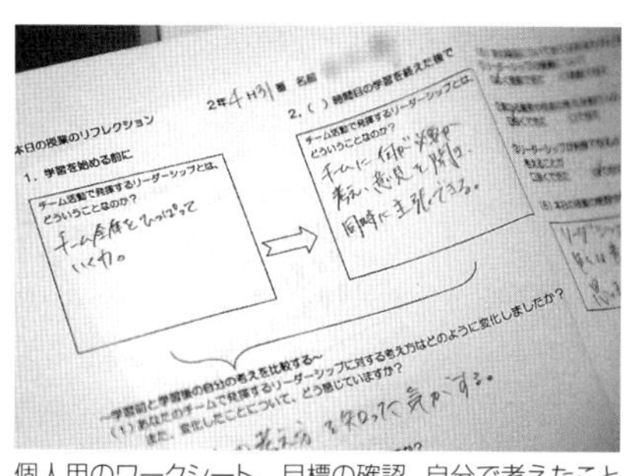

個人用のワークシート。目標の確認，自分で考えたことのメモ，その日の授業の「振り返り」等に利用する

「権限や役職に関係のないリーダーシップ」は，生徒たちにとっても新鮮な考え方だ

Front Line

リーダーシップを活かし，1日1時間半の練習で全国大会を目指す

私立淑徳与野高等学校 剣道部

全国大会で活躍する高校の運動部といえば，優れた指導者の元，高校生活のすべてをその種目に打ち込む姿が思い浮かぶ。埼玉県の私立高等学校である淑徳与野高校剣道部も，毎年のように県代表選手を輩出し，インターハイの団体戦に何度も出場している強豪校だが，活動の様子は少し違う。生徒の9割以上が現役で4年制大学に進学する進学校でもあり，クラブ活動は「学業に差しさわりのない範囲」に限定されているため，いくら好きでも「剣道漬け」とはいかない。平日の練習はわずか1時間半。休日も半日しか練習はしない。定期試験前に活動は中止するし，放課後や長期休暇中の進学講座も，志望大学に合わせて一般生徒と同じように受講する。制約の多い中で成果を上げる剣道部にどんな秘訣があるの

▲　顧問の平井先生は，国体の埼玉県選抜の監督を務めるほどの指導者。練習の途中，何度も生徒を集めて「この練習の目的は?」と問いかける

◀　後輩を指導する上級生。「教えること」が，自分自身の成長につながるのは，勉強と同じだ

だろうか。練習を見学させていただいた。

午後4時半。1日7時間の授業を終えた生徒たちが道場に集まってくる。全員での素振りはルーティンなのだろう。上下素振り30回，正面素振り30回，足さばき・踏み込み足などの基本動作が10分間ほど。続いて面をつけて，切り返し打ち，基本打ち，体当たり……。約20種類ほどのメニューが数分単位で続いていき，あっという間に1時間がたつ。最後の30分間，実戦に近い「互角稽古」と「懸かり稽古」をして練習は終わる。

えっ，これだけ？ と感じるほど短い。ただ，同時に感じるのはムダがないということだ。練習間の切り替え時も部員たちの動きが速い。かといって「管理されている」感じではない。

「時間が短いからこそ，集中できるんです」と話してくれたのは，3年生部長の岩崎萌さん。

「短時間にたくさんのメニューをこなすので，その一本は1日に1回しか練習できません。だからこそ，その一本に真剣になるし，その一本がどうやったら試合で打てるのかと，考えながらやるようになります」

練習中，気になったのは，生徒同士が道場のあちこちで会話している様子だ。聞くと，上級生が，後輩の指導をしているのだという。自分が打っていないときも人の動きを真剣に見ているから，このような“場”の緊張感が生まれているのかもしない。

生徒にインタビューしていると，「淑徳与野の剣道」という言葉が頻繁に出てくる。それは，「メンで一本を取る『きれいな剣道』」なのだという。

3年生で，団体戦の大将を務める安達小粋さんは，その「きれいな剣道」に憧れてこの学校に入った。

「遠間から振りかぶってメンを打ち込んでいくので，他校の生徒からは，下（コテやドウ）を狙われるのですが，それでもメンにこだわります。『そういう剣道を一緒にやろう』と顧問の平井健輔先生に声をかけられて入学を決めました」

メンという基本動作にこだわる理由を，その平井先生に聞いた。

「剣道を生涯スポーツとしてやってほしいのです。この先10年，20年と続けていくならば，高校時代は基礎を作る年齢。小手先の技で一本を狙うのではなく，最も基本となるメンをしっかり打てるような剣道を身につけることで，卒業後の伸びにつながっていくと考えているからです」

何気なく見ていると，優れた指導者のリーダーシップだけが際立つように感じるかもしれない。しかし，生徒たちはクラスに戻っても，「先生の狙いを先読みして行動できるようになった」「目的を考えてやり方を工夫するようになった」と話している。剣道部の活動から，それぞれのリーダーシップを育んでいるのだ。詳しくは第2章で紹介する。

第1部
リーダーシップ教育の全体像

「すべての人が発揮するリーダーシップ」の概念と,
経験型リーダーシップ教育の基本形について説明する。

第1章 これからのリーダーシップとその教育方法

すべての人が発揮するリーダーシップとは

舘野泰一

本章では，本書におけるリーダーシップについての理論的背景について概観する。具体的には，

- リーダーシップとは何か
- リーダーシップ教育では何をするべきなのか

について，研究知見をふまえて解説する。ただし，本書は「実践編」であるため，研究の詳細についてはふれず，研究のポイントのみを解説する。読者のみなさんの疑問に答えるような内容にするために，本章では，序章でリーダーシップ教育の現場について取材していただいたライターの小河原裕一さんの質問に答える形式をとった。研究の詳細について知りたい方は，研究編の第1章・第2章をご覧いただきたい。本文中，研究編に詳しい箇所には（研究編第○章）と示している。

1 リーダーシップとは何か

1.1 リーダーシップとは「影響力」である

舘野：最初にリーダーシップとは何かという話をしたいと思います。小河原さんは，第1部のために，色々な学校を取材してきたと思いますが，それぞれの実践を取材されてリーダーシップについてどのように感じられましたか？

小河原：「すべての人が発揮するリーダーシップ」の教育があちこちで進んできていること，またそのメリットが大きそうなことがわかりました。

一方で，リーダーシップという言葉から一般の方々が連想するのは，会社の社長やクラスの学級委員，クラブ活動のキャプテンのような「肩書き」のある人たちが「周りを引っ張る」とか，「チームをまとめる」といった行動だと思います。そこで今回のように，リーダーシップとは「すべての人が発揮するもの」「様々なやり方がある」と聞くと，どうしても混乱するように思います。

どうしてあえて同じ「リーダーシップ」という言葉を使うのでしょう？

舘野：立教大学のBLP研究チームでは，近年のリーダーシップ研究の流れを踏まえ，リーダーシップを「職場やチームの目標を達成するために他のメンバーに及ぼす影響力」と定義しています（研究編第1章）。この定義に「役職」とか「リーダー」などの言葉は入っていません。リーダーシップにおいて重要なことは「影響力を発揮すること」です。そして影響力はリーダー以外も発揮できますので，そうした行動をリーダーシップと呼ぶのは研究的には自然なことなのです。

本研究におけるリーダーシップの定義

「職場やチームの目標を達成するために他のメンバーに及ぼす影響力」（研究編第1章）

小河原：それは一部のメンバーではなく全員発揮することが可能ですか？

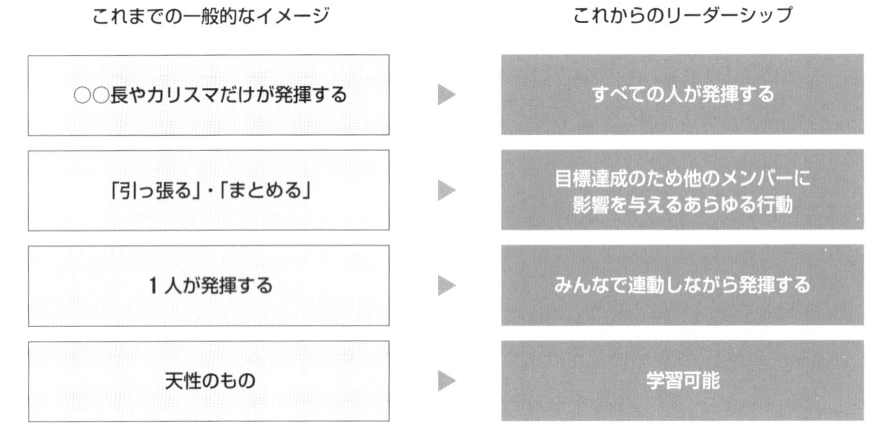

図1-1 リーダーシップとは

舘野：はい。発揮の方法はさまざまであり，自分の特徴に合った行動をすることが効果的です。そして大事なのは，こうしたリーダーシップの発揮方法は学習可能である，ということですね（**図1-1**）。

小河原：一般的なリーダーシップという言葉のイメージを変えるのはなかなか大変だと思いますが，あえてそういう方向に持っていこうとすることにどんなメリットがあるのでしょうか？

舘野：はい。まず昨今のリーダーシップ研究では，リーダーシップを「全員が発揮しうるもの」（シェアド・リーダーシップ）として捉えるものや，「前に出て引っ張るもの」ではなく，むしろ「召使いのように相手を支えるようなもの」として捉えるもの（サーバント・リーダーシップ）等の考え方が注目されてきています。こうしたリーダーシップに関する新しい考え方は，先進的な実践者には徐々に広がりつつあり，今後さらに一般に広がっていく可能性があります。リーダーシップ教育の先進国であるアメリカではこうした考え方がかなり広まりつつあります。

また，こうした考え方が少しずつ受容される背景には，今の社会が①複雑かつ変化が多い，②創造性が求められる，③スピードが求められる，という環境になっているという部分もあります。こうした状況では「全員がリーダーシップを発揮する」，シェアド・リーダーシップが有効であるということが研究的にもわかってきています（研究編第1章）。

そのような状況をふまえると，リーダーシップを旧来のイメージのままにしておくのではなく，新たなイメージに更新し，一人ひとりがリーダーシップを発揮できるものとして広げていったほうがよいと考えています。

小河原：概念的にはわかりましたが，具体的にはどのようになるのでしょう？

舘野：会社の新商品開発チームを考えてみましょう。チームリーダーがリーダーシップを発揮するのは当然ですが，それ以外のメンバーでも，ファミリーのニーズの話になったら子どものいる社員が，SNSを使ったプロモーションの話になったら若手が積極的に発言し，周りもそれに耳を傾けるというようにそれぞれの得意分野を活かせたらよいと思いませんか？ またそれぞれのスキルを活かすのもよいですね。アイデアを考えるのは不得意だけれど，人から引き出すのは得意な人が，口ベタだけれども実は斬新な発想を持っている人からうまくアイデアを引き出すといった具合です。このように，全員がリーダーシップを発揮している状態が「シェアド・リーダーシップ」なのです。

小河原：なるほど。全員がリーダーシップを発揮する組織の方が，チームとして成果を上げられそうですし，メンバー一人ひとりもいきいきと働けそうですね。

舘野：そうなんです。だからこそ，リーダーシップは特定の人だけのものではなく，「すべての人が発揮するもの」として広めていきたいのです。

1.2 リーダーシップを発揮するために必要な要素

小河原：でも，自分に合ったことや自分にできることをやっていればよいなら，なぜリーダーシップ教育が必要になるのでしょう？

舘野：リーダーシップを発揮することは，簡単にいえば「チームが前に進むために，他者へポジティブな影響を与えること」です。でもこれってけっこう難しいですよね。自分ではよかれと思って行動したことでも，「相手が動いてくれない」とか「雰囲気が悪くなってしまった」ということはあると思います。「自分」と「相手」の見え方・感じ方は意外と違うものなんです。リーダーシップ教育では，相互フィードバックなどを通して，このズレを解消する機会を作ります。これをすることで，効果的なリーダーシップが発揮できるようになっていきます。

もう1つ，効果的なリーダーシップを発揮するためには，自分の強みを活かすことが大切ですが，それが何かは意外と自分では気づいていないことが多いのです。「自分に強みなんてないよ」と感じている学生も多いですが，他者から見るとその人にもいろいろな強みがあるということはよくあります。このように，リーダーシップ教育によって，自分らしさを発見したり，よりよい行動ができるようになったりするわけです。なお，強みに関連して最近「パーソナリティ・ベース・リーダーシップ」という考え方が注目されています（研究編第1章）。それは，自分の持つ能力的・性格的な強みを活用した方が効果的なリーダーシップを発揮できるというものです。口ベタな人が急にビジョンを語り出すよりも，その人らしいやり方でチームに貢献した方が，他者が動くというわけです。なので，効果的なリーダーシップを発揮するためには，どんな行動が有効なのかを知るだけでなく，自分のことを知る「自己理解」も大切になってくるのです。

小河原：なるほど。リーダーシップ教育によって，自分の強みに気づいて，それを伸ばせばよいということですね。さきほど，よいリーダーシップを発揮するためには「自分を理解することが必要」という話がありました。よいリーダーシップを発揮するために必要な要素などは整理されているのですか？

舘野：まず我々，立教大学のBLP研究チームでは，これまでおこなわれてきた研究をもとに，効果的なリーダーシップを発揮するために必要な要素を**図1-2**の真ん中にある4つにまとめました。「リーダーシップの基礎理解」「倫理性・市民性」「自己理解」「専門知識・スキル」です。この4つを身につけることで，効果的なリーダーシップを発揮できると考えています（研究編第2章）。それぞれをどのように高めるかについては，後の章で詳しく説明します。

この4つがあることで，よりよいリーダーシップが発揮できると考えられるのですが，リーダーシップ教育の実践をするうえでは，「リーダーシップを実際に発揮してみよう」という「動機づけ」が合わせて必要になってきます。**図1-2**の左のところですね。これについては第3章で詳しく述べますが，まず「リーダーシップを発揮してみたい」という環境を作り出すことで，少しずつ

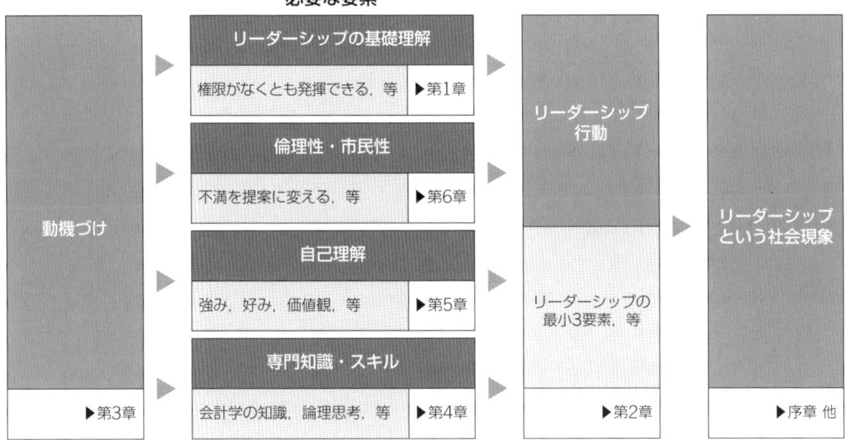

図1-2 効果的なリーダーシップが発揮されるために必要な要素とリーダーシップの関係

自分から動くようになっていきます。立教大学経営学部に入ってくる学生も必ずしも最初からやる気にあふれている人たちばかりではありませんが，ウェルカムキャンプなどのデザインを工夫することで変わってきます。

もう1つは「できるかも」という自信をもってもらうことです。そのためには，それぞれの要素を強化することがポイントになります。「リーダーシップってこういうことなのか」(リーダーシップの基礎理解)，「自分の強みってこういうことなのか」(自己理解)，「ものごとを考える力がついてきたかも」(専門知識・スキル) と感じられるまでになると，試してみようかという気持ちになります。また，「不満をどうやったら提案に変えられるだろうか」(倫理性・市民性) という考え方を意識することで，自分から動くことにつながっていきます。

1.3 リーダーシップとリーダーシップ行動

小河原：よいリーダーシップを発揮するために，4つの要素を高めることと，動機づけが必要なことは理解できました。ただ，その先の「リーダーシップ行動」のところがまだ具体的にイメージできていないのですが，何かわかりやすい指針はありますか？

率先垂範	同僚支援・環境整備	目標設定・共有
自分から動き，他者の模範となること。たとえば「クラスの中で最初に発言する」などの行動をすることで，他者の模範となり，他者が発言しやすくなる雰囲気をつくる等があげられる。	個人やチーム全体が動きやすくなるように環境を整えること。たとえば「メンバーが意見を言いやすい雰囲気をつくる」「メンバーの特徴に合わせた役割分担をする」等があげられる。	チームのビジョンや目標を作り，チームメンバーに理解してもらうこと。「クラスメンバーがワクワクするような目標を立てる」「なぜその目標が重要なのかをメンバーに伝える」等があげられる。

図1-3 リーダーシップの最小3要素

舘野：はい。さきほど「自分に合ったリーダーシップが大事だ」とは言ったものの，やはり最初は何かしらの指針があったほうが，学生にとってはわかりやすいですよね。その指針の例として，本書の執筆者の１人でもある日向野幹也先生（現・早稲田大学教授）は，立教大学に在籍中，リーダーシップ初学者に具体的な行動の指針を示すために，「リーダーシップの最小3要素」として，「率先垂範」「同僚支援・環境整備」「目標設定・共有」の3つを示しています（**図1-3**）[※1]。

「最小」としてあるのは最低限必要なという意味で，「こういうことに注意して行動すると，リーダーシップを発揮できるようになるよ」と説明するにはわかりやすいと思います。この枠組みは，日本の大学教育や，全都立高校の必修科目である「人間と社会」の教科書（東京書籍）の中でも採用されていて，リーダーシップ教育をおこなう側にとっても学生にとっても活用しやすい指針です。

大学の授業で見ていると，学生にとって最初のハードルとなるのは「率先垂範」ですね。「だれかがやってくれるだろう」「言われたらやる」という状態からいかに抜け出せるかがポイントになります。

次のステップとして重要なのが「同僚支援・環境整備」です。自分が動くだけでなく，「周りが動きやすい状況」をつくるために，「適切な役割分担」や

※1　日向野幹也（2015）新しいリーダーシップ教育とディープ・アクティブラーニング．松下佳代・京都大学高等教育研究開発推進センター（編）ディープ・アクティブラーニング：大学授業を深化させるために．勁草書房．pp.241-260.

「人の意見に耳を傾けること」などが大切になります。これは，優秀な学生が意外と苦手にしているところで，彼らはなんでも自分でやろうとして抱えこみパンクしたり，人の意見をあまり聞かなかったりしてメンバーのやる気を下げてしまいがちです。

最後のステップとなるのが「目標設定・共有」ですね。「みんなが一致団結して高いやる気を持ち続けるような目標をつくる」など，周りを巻き込むビジョンをつくることができるようになるのはなかなか難しいですが，これができているチームは本当に強いですから重要です。

最初はこうした枠組みを参考にして学生にリーダーシップ行動をとらせることからはじめるのがよいと思います。

2 リーダーシップ教育の2つのタイプ

小河原：リーダーシップは，いろいろな形がありえて，全員が発揮可能なこと，そのために必要な要素を強化することで教育可能であることがわかりました。いよいよ，リーダーシップ教育をどのように設計するとよいのかを伺っていきたいと思います。

舘野：はい，学校におけるリーダーシップ教育は大きく2つのアプローチが考えられます。1つ目は，経験をもとに学ぶアプローチです（経験学習型）。まず実際にリーダーシップを発揮する経験をしてもらい，その経験へのフィードバックや振り返りをおこなうことで，リーダーシップを伸ばそうとするアプローチです。具体的には，立教大学や実践女子大学，早稲田大学のようにこの目的専用の授業をおこなう方法（経験構築型）と，東京都立駒場高等学校の家庭科の授業や私立淑徳与野高等学校剣道部のように通常の授業やその他の活動の中にそれを組み込む方法（経験活用型）とがあります。

2つ目は，講義や演習をもとに理論やスキルを強化するアプローチです（知識・スキル型）。具体的には，リーダーシップに関する理論を学んだり，知識やスキルを高めるワークショップを実施することなどがあげられます（**図1-4**）。

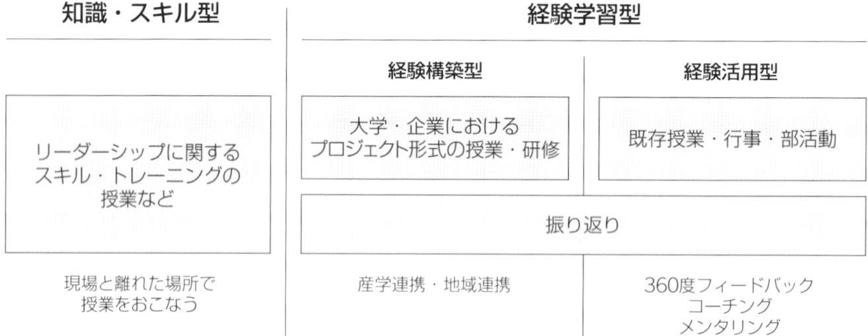

図1-4 リーダーシップ教育の手法

2.1 経験が先か，学習が先か

小河原：まず「知識・スキル型」で学んでから「経験学習型」にいくのがよいのでしょうか？

舘野：社会人の場合はそれも考えられますが，学校においては「経験学習型」から入る方がよいと思います。その一番の理由は「やってみないとピンとこない」からですね。社会人，特に管理職の場合はなんらかのリーダーシップを発揮したり逆にうまく発揮できなかったりしたという体験をある程度持っています。ですから，研修が理論から始まっても，過去の体験に照らして「だからうまくいかなかったのか！」と，それだけですっきりすることもあります。

しかし，大学の場合は，少なくともこれまでの小学校・中学校・高等学校の授業でリーダーシップを発揮する機会を持っていた学生はまだまだ少数派です。また，クラブ活動や学校行事などもリーダーシップを発揮する機会ではありますが「自分のリーダーシップでうまくいった！」，逆に「ダメだった！」と思っている人はリーダーを務めた人などごく一部に限られます。そこで「全員がリーダーシップを発揮する」ことを求められるような環境で，実際にリーダーシップ行動をとってもらい，その体験を振り返るというアプローチが先にきた方がよいと考えています。

小河原：なるほど。立教大学経営学部のウェルカムキャンプがグループワークから始まったり，BLPの最初の科目BL0がプロジェクト型の授業になったりしているのは，そのためなんですね。

2.2 経験学習で伸びるには「内省（振り返り）」が必要

小河原：経験学習型の授業についてもう少し聞かせてください。経験することで必要性を感じ，学びたくなるという流れはよくわかりました。しかし，社会人を見ていると，同じように必要性もあり経験できる状況にあっても，どんどん進歩する人とそうでもない人がいますね。それはどういうことなんでしょうか？

舘野：そこが大事なところなんです。経験から学ぶためにはもう1つの要素が必要です。それは「内省（振り返り）」です。内省とは，自分が経験したことをそのままにするのではなく，経験の意義やそこでの学びを抽象化して次に活かせるようにすることです。

たとえば，ある学生が飲食店のバイトで「同じ種類のオーダーはまとめて処理すれば早いんだな」と気づいたとします。経験を活かす人ならば「これってクラブ活動にも使えるな」と考え，「片づけ場所が同じごとに道具を担当分けして片づければ短い時間でやれる！」となる感じですね。同じ経験をしていてもどんどん進歩する人とそうでない人では，この内省がうまくできているかどうかに差があることが多いのです。

この経験学習の学びのサイクルをわかりやすく説明したのがコルブという人で，経験学習のサイクルを**図1-5**のように表しました※2。

学習を深めるためには，まず具体的な経験をすることが重要です。しかし，それだけでは足りなくて，自分がした経験に対して，どのようなことが起こったのか，自分がどのように考えていたのかを内省的に観察する必要があります。そのうえで，経験から抽象的なルールや教訓を引き出します。そしてあらためてその教訓をもとに行動してみるということを通して本当の学びが起

※2　Kolb, D. A.（1984）*Experiential learning: Experience as the source of learning and development.* Prentice Hall.

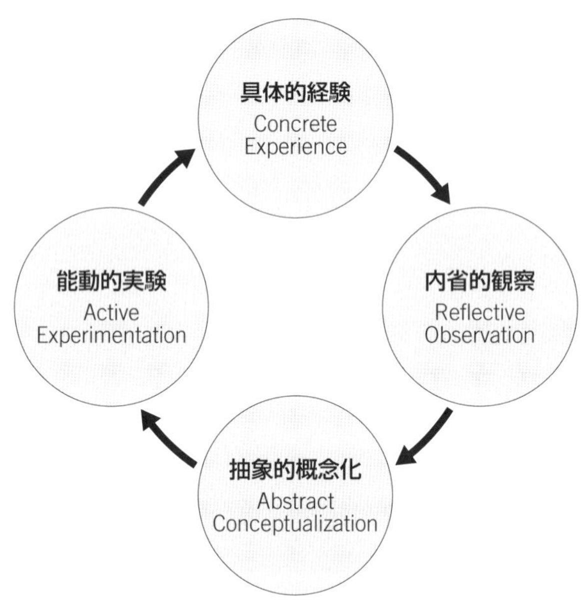

図1-5 コルブの経験学習サイクル

こるのです。

2.3 反省ではなく，内省

小河原：「反省」ではなく「内省」なんですね。

舘野：はい，たとえば文化祭の反省会を考えてみてください。どうしても「あそこがよくなかった」「あれが失敗だった」と悪かったことが並べられて，「来年はそこを改善しよう！」と次年度の実行委員に引き継がれることになります。それは2つの点でもったいないことなんですね。1つは，よかったことに目を向けていないことです。「集客がよかった」「展示がバラエティに富んでいてすばらしかった」などのよかった点にも注目すべきです。2つ目に，それらのできごとを抽象化するという作業ができていないことです。実はちょっと抽象度を上げて考えれば，「その集客手法を全校生徒でやれば，もっと来場者が増えそうだね」とか，「クラブ活動のイベントでも使えるよね」と，本人たちが別の場所で活かせるかもしれないのです。

小河原：あと，反省会って楽しくないから，なんかやりたくなくなりますよね。

舘野：そうなんですよ。グループでやっていても「○○係がちゃんとやらなかった」みたいな犯人捜しになってしまったり，逆にそうなるのを恐れて遠慮してしっかり振り返れなかったりします。内省をするのは犯人捜しをするためではなく，「次によりよいアクションをするため」なんですね。「次はやりたくない」と思ってしまっては元も子もありません。「次はこうやってみよう！」と思えるように，よかったこと・改善点の両方をみること，そして，「次はこういうポイントを意識してみればいいのかな？」と抽象化してみることが大切になります。

2.4 チャレンジ，サポート，アセスメント

小河原：経験と内省が大事なことはわかりました。しかし，まだこれだけでは足りないような気がします。まず，一口に経験といっても，いろいろな経験がありえますよね。みんなでディズニーランドに遊びに行っても楽しい経験だし，ハードなクラブ活動も，やりがい満点のPBLも経験ですね。どういう経験がリーダーシップ教育に適しているのでしょうか。

舘野：はい，どういう経験であるかは，どれだけ成長できるかに大きな影響を与えます。これも研究から明らかになっていることですが，「チャレンジ＝困難」を伴う経験がとりわけ成長をもたらします。大学におけるリーダーシップ教育で「産学連携型のプロジェクト」が取り入れられ，企業から提示された問題解決に取り組むのは，単に学生ウケを狙っているわけではないんですね。困難だが本当に解決しなければならない課題だからこそ「チャレンジ」になりうる，ということです。

小河原：強くなるには，やはり楽はできないんですね……。ただ，難しすぎて途中で玉砕してしまっては，成長につながらないのではありませんか？

舘野：その恐れは大いにあります。そこで先行研究では，先ほどのチャレンジ

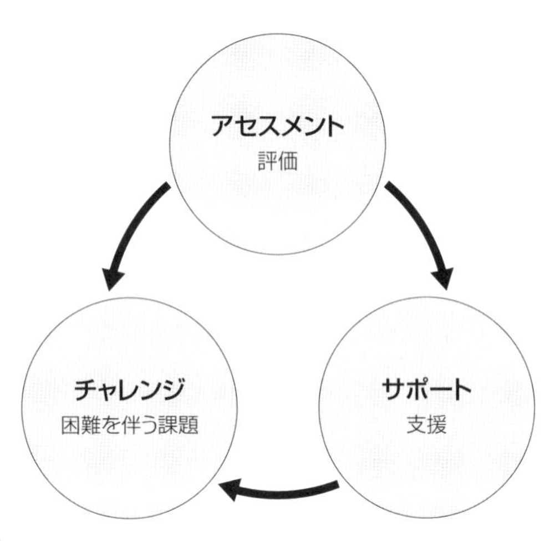

図1-6 成長を促す経験

も含めて3つの要素が重要であるとされています。チャレンジ，サポート，そしてアセスメントです。**図1-6**のようになります※3。

「チャレンジ」とは先にお話ししたように，思いきり背伸びをしてなんとかクリアできるくらいの課題に取り組むということですね。

「サポート」とは，困難を乗り越えるためのスキルトレーニングを受けられたり，相談できたり，精神的なサポートを得られる，といったことを指します。

「アセスメント」とは，自分の置かれている状況や，リーダーシップの強みなどを知る機会（情報ソース）を得られることを指します。

「自分が今，どうなっているのか？」というのは大人でも意外とわからないものですよね。そこで自分のリーダーシップ行動について，チームメイトやSA（Student Assistant），先生からフィードバックをもらう，あるいは診断チェッ

※3 Day, D. V.（2001）Leadership development: A review in context. *The Leadership Quarterly*. Vol.11 No.4 pp.211-223.
松尾睦（2013）成長する管理職：優れたマネージャーはいかに経験から学んでいるのか．東洋経済新報社．
McCauley, C. D., Moxley, R. S. & Velsor, E. V.（2010）金井壽宏（監訳）・嶋村伸明・リクルートマネジメントソリューションズ組織行動研究所（訳）（2011）リーダーシップ開発ハンドブック：The Center for Creative Leadership: CCL. 白桃書房．

クシートを使って自分でチェックしてみる，といったことが役立ちます。

3 経験学習の場を設計する

3.1 経験学習型の授業

小河原：必要な要素について，だいぶわかってきました。まだありそうな気もしますが，あまりそればかり聞いていると，ハードルが高くなってしまうので，実際に経験学習の場の設計法について伺っていきたいと思います。どんな要素を盛り込んでいくのでしょうか？

舘野：はい，経験学習型アプローチの設計では，大きく2つのポイントがあります。

A リーダーシップを発揮する環境作り（経験の場のデザイン）
B 経験を成長につなげるための仕組み作り

Aは「がんばってしまう環境作り」，**B**は「がんばった分だけ成長できる仕組み作り」とも言えますね。「チャレンジ」は**A**に含まれますし，「アセスメン

A	リーダーシップを発揮する環境作り
POINT 1	挑戦を作る
POINT 2	挑戦に本気にさせる
POINT 3	リーダーシップ発揮の必要性を組み込む

B	経験を成長につなげるための仕組み作り
POINT 1	個人のリーダーシップ目標を設定させる
POINT 2	サポートする
POINT 3	振り返らせる

図1-7 経験学習型リーダーシップ教育の基本形

ト」(フィードバック，振り返り) や「サポート」は**B**に含まれます。もう少し細かく見ると，それぞれに3つ，全部で6つのポイントがあります (**図1-7**)。

A リーダーシップを発揮する環境作り

POINT 1　挑戦を作る

まず大事になるのは「課題の設定」です。大学におけるリーダーシップの授業では，企業と連携する「産学連携のプロジェクト学習」や，地域と連携する「サービス・ラーニング」などさまざまな課題を設定します。リーダーシップ発揮のための場を新たに作ってしまうわけですね。一方，中学や高校にある「クラブ活動」「合唱コンクール」「文化祭」「体育祭」などの機会を，リーダーシップを発揮する機会と捉え直す方法もあります。既存の場を活用するわけです。

その際，どちらにおいても大切なことは，難易度を「がんばれば，なんとかとどく」ような，ちょうどよい難しさに設定することです。

「挑戦 (目標のレベル)」と「現在の自分の能力」のバランスが取れているときに，人はその活動に没頭することができます。簡単すぎては退屈してしまいますし，難しすぎると不安や心配になり，活動に集中できません※4。

リーダーシップ教育をするうえでも，簡単すぎて退屈せず，難しすぎてあきらめないような環境作りが大切になります。たとえば，中くらいの強さの野球部がいきなり「全国制覇」を目標に掲げても「無理でしょ」となってしまいますが，かといって「去年より1つ上にいく」くらいだと，気持ちも乗らなかったりして，リーダーシップをどんどん発揮するというところまではいかないですね。

POINT 2　挑戦に本気にさせる

このステップは，学生たちを「巻き込む」ために教員側のリーダーシップ発

※4　没頭できる体験はフロー体験と呼ばれ，研究者としてチクセントミハイが有名です。
Csikszentmihalyi,M. 大森弘(訳) (2008) フロー体験とグッドビジネス：仕事と生きがい．世界思想社．

揮が求められるところです。たとえば中学校でよくおこなわれる合唱コンクールはリーダーシップ教育のよい機会ですが，クラスによってはおざなりな取り組みになってしまうこともありますね。このように「思いきり取り組めば挑戦になる」ものでも，学び手側が「よし，本気出すぞ！」という気持ちにならなければ，リーダーシップ教育にはなりません。学び手が思わず本気になってしまうような「演出」は，リーダーシップ教育成功のための最初のポイントになります。したがってこの実践編でも第3章で詳しく述べています。

POINT 3 リーダーシップ発揮の必要性を組み込む

全員が「自分から動き」「人に働きかける」ための必然性を作ることが3つ目のポイントです。一部の人が自分たちだけ動けばできてしまうようになっていると，その人たちの「人を巻き込む」とか「人を活かす」力は伸びませんし，残りの人たちももちろんリーダーシップを発揮できるようになりません。たとえば第1部に出てきた駒場高校の家庭科の授業では，グループの中で，一人ひとりがちゃんと役割を見つけられるように設計されていました。本来はみずから発揮するものだけれども，発揮せざるを得ない，あるいは発揮できる環境を作ってしまうことが，最初の段階では大切になります。それが先ほどの「やれた！」「もっとやりたい！」につながっていくわけです。それともう1つ，これは逆に，全部自分でやってしまいがちな優等生を「人を活かさざるを得ない」環境に置いて，人を頼ることに開眼させる意味もあります。

B 経験を成長につなげるための仕組み作り

POINT 1 個人のリーダーシップ目標を設定させる

リーダーシップ教育では「どういうリーダーシップを発揮できるようになりたいのか」というところから自分で決めていきます。たとえば「自分は内向的だけれども先頭に立てるようになりたい」という目標も「自分は内向的だから，引っ張るのはだれかに任せて自分は参謀役になる」という目標もありえます。そこで，どちらにするのか自分で決めておかないと，がんばるにしても，周りがサポートするにしても，振り返るにしても，なんとなく「世間的にこちらだから」となってしまう恐れがあります。逆に決めてあれば，サポートや振り返りが適切におこなえる可能性が高まります。

それからもう1つ，目標設定は仮説を立てる機会でもあります。こういう成果を上げるためにはこういうリーダーシップ行動を取るとよいのではないかと考えて，実際にやってみて，振り返りにおいて検証すると，経験からの学びが多くなります。

POINT 2 サポートする

サポートは一番難しいところです。大きなポイントを3つだけあげて，あとは2章以降の具体例からイメージをつかんでいただきたいと思っています。

1つ目は，教員の仕事の比率が「教える」ことから「みずから学ぶ場を設計する」ことに移っていくということです。そういう意味では手や口を出すことは減るでしょう。

2つ目はサポートの中で「本気にさせる」部分の比率が大きいことです。「形だけやりました」ではなく，魂の入った活動をさせるために働きかける部分です。

3つ目は，ヒントを出すことです。考えるべき方向性を示唆する時もあれば，例をあげる時もあれば，現状案に問題提起のフィードバックをすることもあります。どれであっても，「ヒントであって答えではない」ということも大切です。

POINT 3 振り返らせる

ここはもういろいろ話してきましたが，内省や相互フィードバックという「振り返りの時間をきちんと組み込む」ことです。特に注意する必要があるのは「挑戦」になるようなプロジェクトが終わると，「打ち上げモード」になってしまったり，途中で挫折したチームが「早く忘れよう」モードになってしまったりして，振り返りがおろそかになってしまうことがあることです。それぞれにおける工夫については，また実例を見ていただきたいと思います。

3.2 理論やスキルを学ぶ授業

小河原：経験学習の設計について，課題設定から振り返りまでのポイントがよくわかりました。最後に，もう1つの「知識・スキル型」についても，少しふれていただきたいのですが。

舘野：立教大学経営学部ではBL1やBL3がそれにあたります。スキル系の授業は，経験学習型の授業に比べて刺激が少なく，学び手が退屈してしまうのではないかという心配があると思います。確かに立教大学でも，以前はそういう傾向がありました。今でも受講前の学生から，スキル系は「退屈なんじゃないか」という声がちらほら聞かれます。しかし実際に始まってみると，たとえば論理思考力を高める授業では「こうすればもっと伝わるのか！」「アイデアはこうやって出すんだ」という声が，また自己理解を深める授業では「今までわからなくてもがいていたことがようやくわかった！」という声が多く聞かれます。その作り方については後の章で見ていただく予定です。

小河原：ありがとうございました。

以上，本章では，

- リーダーシップとは何か
- リーダーシップ教育では何をするべきなのか

について，研究編のポイントを対談形式で説明してきた。リーダーシップ教育の理論的な背景をご理解いただけただろうか。

実践をするうえでは「どうやるかが知りたいのであって，研究の話は不要だ」と思われる方もいるかもしれない。しかし，理論背景を知ることで，「なぜそのように捉えるのか？」「なぜそのような方法なのか？」を理解することができる。そして，「なぜ？」という理由がわかることで，書かれた手法をそのままやるのではなく，自分なりに応用することができる。

本章で説明した「なぜ？」という理由や，リーダーシップ教育の手法の枠組みを頭に入れたうえで，次章では事例をもとに，より具体的にリーダーシップ教育の実践方法について説明する。

第2章 経験学習型リーダーシップ教育の基本形

大学・高等学校において，リーダーシップ教育をどう組み込むか

舘野泰一・高橋俊之

第1章ではリーダーシップとリーダーシップ教育について理論的な側面から述べた。本章ではその枠組み，とりわけ「経験学習型リーダーシップ教育の基本形」を使って，序章で紹介した事例のうち3つを解説する。

紹介する事例は，①リーダーシップ教育専用の授業例として立教大学経営学部のBL0，②通常の科目に組み込んだ授業例として東京都立駒場高等学校の家庭科の授業，③クラブ活動でおこなわれている例として私立淑徳与野高等学校剣道部の活動である。

1 立教大学経営学部「リーダーシップ入門（BL0）」

舘野泰一

BL0は，経営学部の1年生約400名全員が前期に受講するリーダーシップ入門のクラスである。ウェルカムキャンプの2日間で体験した「たくさん考え，たくさんの人と関わりながら，自分らしいリーダーシップを伸ばす」ことを4か月弱にわたり，続けていく。今後4年間の「立教大学経営学部での学び方」を身につけるという点でも，この体験は重要な意味を持つ。「経験学習型リーダーシップ教育の基本形」に沿って説明する前に，カリキュラムの概要と運営体制

について紹介しておこう。

Front Line

BL0のカリキュラムと運営体制

立教大学経営学部

BL0のカリキュラム

BL0は産学連携のプロジェクト（PBL）でビジネスコンテストをおこなうという方式を取り入れている。1クラス5チーム，全18クラスの90チームが，連携企業から提示された課題に取り組み独自の提案で競い合う。授業は全部で14回だ。

●**1回目の授業**：リーダーシップの目標を立てて，クラス内で宣言をする（**写真左**）。BL0の場合，初回授業の前に2日間のウェルカムキャンプ（序章参照）があり，受講生全体に「やるぞ！」という空気ができている。ウェルカムキャンプがないとすると，第1回の授業のなかでその雰囲気を作ることが必要になるだろう。また少しお互いが見えてくるまで目標設定を待つことも考えられる。

●**2・3・4・5回目の授業**：2回目の授業からプラン作りがスタートする。チーム編成が発表され，お互いをさらに知ることと並行して，連携企業の理解や，テーマ探しなどが始まる（**写真右**）。3・4回目の授業でビジネスプラン作りの基礎を学びながら，作業を進める。そして，5回目にして，早くも中間発表としてポスター発表をおこなう（**次ページ写真左上**）。このポスター発表が，リーダーシップ発揮の必要性と受講生たちの本気を引き出すしかけとなる。2回目の授業からポスター発表までには3週間しかないのに，やるべきことは満載である。チームの動き方を決め，連携企業についての理解を深め，テーマ候補を考えたうえで状況を調査し，ある程度のプランに仕立てる必要がある。各自できそうなことに挑戦してみるという形でリーダーシップを発揮しなければチームとしてよいものはできない。ポスター発表の当日も，全員が自分たちのプランを説明し，質問に答え，他のチームの発表を聞き，よいところを吸収し，といろいろなことに挑戦することになる。

リーダーシップ目標の宣言

プランの構築

ポスター発表　5チーム×6クラス=30チーム単位でプレゼンテーションとフィードバック。教員および連携企業社員からもフィードバック

振り返り

本選でのプレゼンテーション

授業後のSA・CAミーティング　BLPの授業運営そのものが教員と学生スタッフのシェアド・リーダーシップでおこなわれている

●6回目の授業：それまでのチームプロセスの振り返りをおこなう。各メンバーの立てたリーダーシップ目標をもとに，相互にフィードバックをおこなう。このとき，先輩SAが自身の体験談を話すことで（SAストーリー）本音で向き合うことを促す。

●7・8回目の授業：ポスターセッションで気づいた，自分たちのプランの強み・弱みをふまえ，コンテストで勝てるプランへと改良を進める。一方で，教員は「勝つため」よりも，本人たちが本当にやりたいことを確認して，それを実現するためのサポートをおこなう。

●9回目の授業：予選1回目。18クラス90チームを，同じクラスのチームが戦うことのないように予選ブロックを分けて，プレゼンテーションをおこなう。教員による質疑と審査がおこなわれ，大講堂「タッカーホール」でおこなわれる本選を目指す。

●10回目の授業：元のクラスに戻って，お互いのプランについてフィードバックをおこなう。同じクラス内の5チームが，それぞれのブロックで勝ち抜けるように応援する。

●11回目の授業：予選2回目。10週目から11週目にかけては，全カリキュラムの中で，受講生たちが最も頻繁に授業外で集まり，時間を共にする週となる。

●12回目の授業：本選。全教員，連携企業の皆さんが集まる中，全90チームのうち，勝ち抜いた6チームがプレゼンテーションできる。その6チームは，この本選当日に発表される

表2-1 BL0のカリキュラム

1	リーダーシップ目標の宣言	8	プランの再構築：プレゼンテーション準備
2	チーム発表：よいプランとは	9	予選1：クラス混合でプレゼンテーション審査
3	プランの構築方法（1）	10	クラスごとにプランのブラッシュアップ
4	プランの構築方法（2）	11	予選2：クラス混合でプレゼンテーション審査
5	中間発表：ポスター発表	12	本選：全クラスが集まりプレゼンテーション
6	中間振り返り：相互フィードバック	13	振り返り1：相互フィードバック
7	プランの再構築：ビジネスモデルの検討	14	振り返り2：授業内容の振り返りと目標宣言

表2-2 学生スタッフの役割

	人数	主な役割
SA	18名（各クラスに1名）	自クラスの運営
CA	12名前後（2クラスに1名）	クラス間の情報流通，授業の写真撮影
メンター	90名（1グループに1名）	グループの補助，コーチング

ので，すべてのチームに発表準備が必要であり，「絶対いける！」と手ごたえを感じて準備してきたのにもかかわらず，選ばれないで悔しい思いをするチームもある。

●**13・14回目の授業**：振り返りをおこなう。この2回がリーダーシップ育成するうえでまさに「収穫の時間」となる。個人レベル，チームレベルで振り返りをおこない，次の目標を立てて，宣言をおこなう。それとともに，1年生たちの大学最初の学期が終わる。

BL0の運営体制

授業の運営体制にもさまざまな工夫が盛り込まれている。特にSA・CAなどの学生スタッフの参加と講師陣との連携の緊密さは，BL0を含む立教大学経営学部BLPが意識して強化し続けてきた特長と言える。

学生スタッフには3種類ある。SA（Student Assistant）は，各クラスに1名配置される。教員の指導のもと，授業進行をはじめとしてクラス運営で重要な役割を担う。CA（Course Assistant）は，複数のクラスを担当し，クラス間の情報共有やSAへのアドバイスなど，横断的なサポートを担当する。メンターは，グループに1名ずつ配置され，担当チーム全体だけでなく，メンバー個人の相談相手としても活動している（**表2-2**）。

また，教員たちもチームとして動いている。授業内容は全クラス共通である。18名の教員のうちの1名がコースリーダーという役割を担い，共通の授業スライドを作成する。各クラスでは自クラスの状況にあわせて授業スライドをカスタマイズしながら運営をする。毎回の授業後には45分程度のミーティングが開かれ，コースリーダーの進行のもと，各クラスの教員，SAそしてCA計40名強が，その日の授業の振り返りと次回以降の授業についての話し合いをおこなう。

BL0の授業を，第１章で述べた経験学習型リーダーシップ教育の基本形の枠組みを使ってあらためて整理してみよう。

A リーダーシップを発揮する環境作り

POINT 1 挑戦を作る

BL0のようなPBLの授業では，企業から提示されるプロジェクト課題が，挑戦を設計するうえで一番のポイントとなる。プロジェクト課題は，連携企業の意図を聞きながら，連携企業・受講生双方にとってベストな課題を設定するのが重要である。過去３年の課題は**表2-3**のようなものだった。

いずれの課題も，連携企業においても答えを探っている本質的な課題である。課題の「本物らしさ」は，授業設計論で「課題の真正性」等と言われ※1，設計の重要なポイントとなる。こうした企業からの課題に取り組むことは，高校を卒業したばかりの受講生にとっては大きな挑戦である。

ただし，ただ本物の課題であるだけでは，受講生にとっては難しすぎて考えることができない。前章でも述べた通り，重要なのは「目標と能力のバランス」である。新入生たちがこれまでの原体験を活かし，協力すればなんとか取り組めるように，課題や審査基準を設定し，知識の有無よりも，「自分たちなりに考えているか」を見る。

POINT 2 挑戦に本気にさせる

「目標と能力のバランス」が取れた課題を設定できても，受講生全員がその課題に本気で取り組もうと思うかどうかは別問題である。全員が「大学で本気で学ぼう」と思って入学してきているとは限らない。この「本気にさせる」ことについては次の第３章で詳しくふれるので，ここではイメージをつかんでいただく程度にふれていく。

学生に本気になって取り組んでもらうためには，「本物の課題」を設定するだけではなく，それをしっかり伝えていく必要がある。そのために，連携企業の

※1　三宅なほみ（1997）インターネットの子どもたち：今ここに生きる子ども．岩波書店．

表2-3 過去3年間の課題

年度	課題
2017	メンバーのだれかが“ジブンゴト”として捉えているテーマを1つ選んで**BEAMS**ができることを提案せよ
2016	日本の食が豊かになるために**吉野家ホールディングス**ができることを提案せよ
2015	若者が世界を旅するために**H.I.S.**のグローバルリソースを活用した新しいビジネスモデルを提案せよ

関与の仕方がポイントとなる。たとえば，プロジェクト課題の発表や背景の説明は，連携企業の方におこなっていただいている。授業が始まってからも，ポスター発表や予選，本選等に社員の方々が参加してくださり「食の豊かさとは何か自分たちの考えを示してほしい」(吉野家ホールディングス)，「BEAMSがやる必然性は何か？」「本当にそれで若者は世界を旅するようになるのか？」(H.I.S.) といったフィードバックがなされる。

ビジネスコンテストの形式を取っていることも挑戦に本気にさせるための重要な仕組みである。ビジネス界同様に，より優れたプランが採用されるという形式の本物らしさ，そして競争が彼らを本気にさせる。競争がよいのは，それによってレベルが上がれば挑戦のハードルも自然に上がることである。

しかし，競争を取り入れることには副作用もあるので注意したい。たとえば「もう勝ち目がないので適当にやる」というグループが出てきたり，「勝ち負けに注目」しすぎて，何のために競争しているのかを忘れてしまったりする恐れがある。「競争」は，あくまで「リーダーシップ育成」のための手段であり，勝ち負けが目的ではない。こうした認識は受講生だけでなく，授業運営側においても意識を揃えておくことが重要である。

受講生を本気にさせるうえでポイントとなるのは，形式だけではない。SA等の学生スタッフの存在は大きな意味を持つ。ウェルカムキャンプやBL0で活躍する先輩たちの姿は新入生たちの目に「かっこいい」と映る。さらに彼らが成功談だけでなく，失敗や葛藤を赤裸々に話しつつ「だからしっかり取り組むといいよ」と話す (SAストーリー) と，「自分も本気で取り組んでみよう」と思い始める。何しろこの間まで高校生だった新入生である。目標設定にしても，フィードバックや個人振り返りにしても，社会人のように実務の実感がない彼らには，なかなか意義をイメージしにくいだけに，この意味は大きいと考えている。

POINT 3 リーダーシップ発揮の必要性を組み込む

内向的な受講生や自信のない受講生にとっては「リーダーシップ発揮の必要性がある」ことは踏み出すよいきっかけになる。「できない」と思っているのは，やったことがないからというケースも多いからである。このような受講生にとって，ポスター発表，予選1，予選2と高いハードルが次々とやってくることは「率先して動かなければならない状況」となって背中を押す。実際，高校までは目立たなかったが大学に入ってからリーダーシップを発揮するようになったという受講生は珍しくない。

一方，「自分はできる」と思っている受講生にも別の意味でリーダーシップ発揮の必要性を組み込んでいる。ありがちなのが，責任感が強く優秀な受講生が周りを巻き込めずに仕事を抱え込んでしまったり，自分の考えにこだわりすぎて周りのモチベーションを下げてしまったりすることである。こうした体験は，彼らが「周りを活かすリーダーシップ」に気づくきっかけになる。その気づきを起こすのは，次項「経験を成長につなげるための仕組み」の一つ，プロジェクト中間点で行われる「中間振り返り」である。

B 経験を成長につなげるための仕組み作り

リーダーシップを発揮するための環境作りができたら，次は「経験を成長につなげるための仕組み作り」が大切になる。リーダーシップを発揮できるようになるために経験は必要だが，「経験だけ」では成長につながらない。そのためには，リーダーシップ体験をする「前後」のデザインが必要になる。

POINT 1 個人のリーダーシップ目標を設定させる

最初に目標を立てるのは，漠然とグループワークをしてしまうことを防ぎ，自分の行動の指針や振り返りの視点を持つためである。目標を立てていないと，自分がどのようなリーダーシップ行動をすればよいのか（したのか）を忘れがちになる。また，目標を立てずに，相互フィードバックと振り返りをしようとしても，そもそもどのような視点で考えたらよいのかわからない。以上の理由から，リーダーシップの行動目標を設定する。

またBLPの授業ではグループワークにおける行動目標だけではなく，「リーダーシップ持論」も立てさせる。リーダーシップ持論については第5章で詳しく説明するが，「効果的なリーダーシップをとるためには○○が必要」といった自分なりの考えである。持論についても，最初に自分なりの仮説をもって行動をしたうえで，あらためて持論を振り返ることで，「効果的なリーダーシップに必要なのはこういうことではないか？」といった理解が深まると考えており，BL0だけでなく，続くBL1，BL2でも更新されていく。

POINT 2 サポートする

BLPの授業でのサポートは，教員と学生スタッフが連携しながら，それぞれの得意とすることを担当する。教員は専門的知識・スキルが高いため，ビジネスプランの要所に対するフィードバックをおこなうなどの形でサポートする。一方，学生スタッフは，受講生がどこに困難を感じるかを察知し，みずからの体験をふまえてコーチングやアドバイスをするのが得意である。教員は学生スタッフの動き方についても，アドバイスやコーチングをする。

サポートにおいては，支援と挑戦を促すことのバランスが重要になる。支援をしすぎて，「挑戦のない課題」になってしまったり，受講生自身がリーダーシップ行動をとる機会を奪ってしまったりする危険性には注意しなくてはならない。たとえば，クラスに「グループワークがうまくいかず，やる気を失いかけている」チームがあったとする。それは受講生にとって「同僚支援・環境整備」のリーダーシップを実践で学ぶチャンスでもある。つまり，チームがうまくいかない状況は授業運営において「起きてはならない問題」や「仕方のない事態」ではなく，「学習の機会」という側面がある。そういった場面では，教員・学生スタッフが直接問題を解決してしまうのではなく，受講生がリーダーシップ行動をとるのをサポートすることが大切になる。この加減はなかなか難しく，常に注意を払うポイントでもある。

POINT 3 振り返らせる

BLPでの振り返りには，チームプロセスの振り返り，相互フィードバック，個人振り返りの3つがある。このうちチームプロセスの振り返りと相互フィードバックは，中間と最後の2回のみおこなっているが，個人の振り返りは毎週と頻度が高い。個人で完結するので，短いサイクルで繰り返しながらどんどん前進していこうという考え方である。しかし中間と最後では個人の振り返りも総合的なものになる。

チームプロセスの振り返りでは，どんなことでチームのムードがよくなったり悪くなったりしてきたのか，それをどうしたらよりよい方向に持っていけるかを考える。このクラスとしての「次」はないが，次の学期のBL1やクラブ活動・バイト含め学内外の他の機会で活かすことを想定しておこなう。

相互フィードバックでは，グループメンバーから，自分のリーダーシップ行動におけるポジティブな面（よかった点）と，ネガティブな面（改善が必要な点）の両方を本人に伝える。リーダーシップは「他者への影響力」であるため，実際に他者がどのように感じていたかを知ることは重要である。また，自分の認識と他者の認識が必ずしも一致しているとはいえない。そのズレを解消することが，リーダーシップを発揮できるようになる第一歩となる。

相互フィードバックについて，ここではBLPで留意していることをあげておく。1点目はフィードバックの目的が「学習・成長」であり，「評価」ではないということだ。企業における360度フィードバックの実践においても，フィードバックの目的が「成長・学習」であると伝えることが重要であると指摘されている[※2]。よって，BL0においても，相互フィードバックは学習目的であることを伝えると同時に，「成績評価には反映しない」ことを伝えている。

2点目は，事実をベースにフィードバックすることだ。フィードバックは，慣れていないと漠然とした指摘になりがちである。しかし「粘り強く考えているのがよいと思う」「時々自分の意見に固執しすぎるのを変えた方がよい」といったフィードバックでは，どういうことを継続し，どういうことを修正したらよいのかわかりにくい。そこでフィードバックを事実に基づき，具体的におこなうための枠組みとして，SBIという枠組みを使っている。SBIとは，Situation

※2　McCauley, C. D., Moxley, R. S. & Velor, E. V. 金井壽宏（監訳）・島村伸明・リクルート組織行動研究所（訳）（2011）リーダーシップ開発ハンドブック：The Center for Creative Leadership: CCL. 白桃書房.

(状況), Behavior (行動), Impact (影響) の頭文字をとったものである。たとえば,「テーマ出しのグループワークをしているときに (状況), ○○さんが「他に意見ない？」「この意見とこの意見同じだよね」など, 発言を引き出したり, つなげたりしたおかげで (行動), グループワークが活性化し, よいアイデアを出すプランを作ることができた (影響)」といったようにフィードバックする。

そして, 最後に組み込んでいるのは個人の振り返りである。自分の立てた目標, 自分が実際にした行動, 相互フィードバックでもらった内容などの学習素材をもとに, 何ができて, 何ができなかったのか, その原因は何か, そこから得られた学びは何かなどを考える。また, 自分が立てたリーダーシップの持論をあらためて吟味し, 更新する。個人の振り返りは最後の授業の後に提出し, 次の学期のBL1の初めに振り返ることで次のスタートにつなげられる。

2 東京都立駒場高等学校 家庭科授業

高橋俊之

次は, 通常の授業におけるリーダーシップ教育を見てみよう。序章で紹介した駒場高校, 木村裕美先生の家庭科の授業を見ると, リーダーシップのための授業でなくともリーダーシップ教育をおこなえることがわかる。なお, 木村先生によれば家庭科という科目は実はリーダーシップととても親和性が高く, いわゆるリーダーシップ教育の授業を家庭科の中でおこなうこともできるという。しかしここでは通常の授業におけるリーダーシップ教育の例として取りあげるため, 家庭科の授業の中でも食生活の分野の「栄養素」について学習する授業を題材にする。そこには, 次のように経験学習型リーダーシップ教育の基本形が組み込まれている。[※3]

※3　本節は, マナビラボの授業レポートと木村先生へのインタビューをもとに構成した。
マナビラボ (2017) リーダーシップを学ぶ家庭科の授業 (Retrieved March 4, 2018, from http://manabilab.jp/article/3156).

A リーダーシップを発揮する環境作り

POINT 1　挑戦を作る

まず生徒たちは講義形式の授業で栄養素について学ぶ。リーダーシップ教育はプロジェクトの形で組み込まれる。生徒たちは4人ずつの班に分かれて，班毎に「濃口しょうゆと薄口しょうゆ」「牛乳とヨーグルト」などの2つの食品の違いを調べ，どちらを担任の先生に勧めるかを決めるというミッションに取り組む。

これが挑戦と言えるのは，講義で教わったことや教科書に書いてあることをそのまま出したり整理したりするだけでは答えられないからだ。まず，担任の先生がどのような人なのかを調査してから考える必要がある。また栄養素については授業で扱うが，食品添加物については自分たちで調べなければならない。

さらに発表には「伝わりやすさ」と「説得力」が求められる（その具体的なやり方については後述）。短い時間でも伝えたいことを適切に伝えるためには内容や発表方法の工夫が求められるし，相手の心を動かすためには理由づけがしっかりしていなければならない。答えが正しいだけでは足りないのだ。

また，4人で協力しなければ，課題が終わらない仕組みになっている。たとえば，授業内で準備する時間は最小限にし，発表も4人が何らかの形で関わるような方法で実施している。

POINT 2　挑戦に本気にさせる

では，挑戦に本気にさせるためには，どんな工夫がなされているのだろうか。1番のポイントは，競争を持ちこんでいることだ。具体的には同じテーマに2班ずつ（計5テーマ10班）取り組ませたうえで交互に発表させ，どちらの発表がわかりやすかったかを生徒同士が評価することで勝敗を決めていく。ここで大事なことは，評価基準を明確にしておくことである。あらかじめ評価基準が記入されているルーブリックシートを配布し，評価基準を共有する。また，評価基準が変われば，結果も変動する可能性があることなど，「評価する」ということを理解し，会得することをとおして，次のワークの目標設定をより明確にできる力をつけていく。

発表内容を競わせる（写真提供：マナビラボ）

寸劇で発表する生徒（写真提供：マナビラボ）

そしてもう1つ，発表に対しては後述する評価項目にしたがって詳細なフィードバックがあることもあげられる。自分たちがおこなった工夫が効果をあげた場合は高く評価されるし，一歩足りなかった場合も「ここがよくなればすごくよくなる」とアドバイスを受けられる。生徒はクラスメイトのフィードバックには敏感なので効果は高いと木村先生は言う。ただし，ネガティブなフィードバックは高校生の発達段階には適さない場合もあるので，まずはポジティブなフィードバックに限定して取り組み，クラスの人間関係の深まり具合に合わせてネガティブなフィードバックを徐々に取り入れているとのことだった。

POINT 3 リーダーシップ発揮の必要性を組み込む

各生徒がリーダーシップを発揮するためには，まず，メンバー全員が何かしらの役割を持ちやすいように，またそれぞれの強みを発揮するように，4人という人数でグループが設定されている。人数が多いと役割を見つけられない生徒が出やすい。人数が少ないと苦手な役割を果たさなければならなかったり，だれかが休んでグループとして機能しにくくなったりすることもありうる。

グループの組み合わせは，男女比はコントロールするが，毎回のワークの組み合わせはくじ引きでおこなっている。社会に出たら共に働く相手は自分で選べない場合が多いこと，また，普段はあまり話さないクラスメイトと組むことでお互いのよさを発見し合えることなど，くじ引きでチームを決める価値をあらかじめ説明し，生徒が納得して取り組めるように指導することがその前提条件になっている。

またいろいろなタイプの行動が求められているのもリーダーシップ発揮の必

要性を高める。授業で学んだことから応用すること，新たに調べること，模造紙にわかりやすく内容を表現すること，引きつける発表方法を考えること，実際に発表すること（寸劇でやってみせるチームなどもある），そしてこの一連のプロセスの中，チームを動かしていくことなどである。この中から，各自の強みや伸ばしたいことに合わせて分担を決め，連携して動く中でリーダーシップを発揮する力が高められる。

B 経験を成長につなげるための仕組み作り

POINT 1 個人のリーダーシップ目標を設定させる

個人のリーダーシップ目標は設定されていなかった。木村先生によれば，次のような理由だという。大学の授業では，リーダーシップ目標を設定しているが，高校生で実施したところ，目標を設定できない生徒が多い。そもそもリーダーシップに対して目標を設定したことがない生徒に初めから文章化することを求めると，ハードルが上がるので，初歩の段階では，まずワークにチームで取り組み，実施後の振り返りを通して，自分がチームの目標のために何ができて，何ができなかったのか，次はどうするべきなのかを考え，自分らしいリーダーシップの形を発見させることに重きを置いている。

POINT 2 サポートする

生徒たちにとってまず大きなサポートになるのが「発表評価表」である。「論理的」「わかりやすさ」「調べの深さ」「発表の完成度」「発表態度」の5つの項目で評価される。このような評価項目がわかっていることは重要なサポートになる。どこに力を入れればよいのかわかりやすいからだ。たとえば発表の見た目だけを追求していても論理的な部分や調べの深さがなければダメなんだ，とわかる。また逆にいくらよく調べて正しいことを言っていても相手が理解できなければ意味がないこともわかる。

また，木村先生が「主役は生徒」であるということを言葉でも態度でも示し続けていることも大きなサポートになっていると思われる。生徒が「やりたい」ということに対してはできるだけ実行できるようにし，チャレンジしている場面においては，他の班にも伝わるようにポジティブなフィードバックをおこない，チャレンジしやすい環境を作り出すことに努めているという。

POINT 3 振り返らせる

木村先生は振り返りにかなりの時間（作業4時間，発表2時間，評価・振り返り2時間）を割いている。たとえば，各班が作成した模造紙について，生徒たちは自分たちの班以外で最もよいと思った班のものに，一言書いたふせん紙を貼る。ここでも論理性とわかりやすさを意識するように指示される。その後，結果が講評と共に発表される。生徒たち自身が評価基準にしたがって他班の成果物を評価することで「どうすると納得されるのか」「どうなっているとわかりやすいのか」を彼らは考え，感覚的にもつかみ，自分のものとしやすくなる。

振り返りはまた「リフレクションシート」も使用しておこなわれる。そこには成果物だけでなくチーム学習のプロセスについても記入する項目がある。チーム学習内で「会話ができた」「質問ができた」「意見を言えた」「傾聴できた」「対話できた」などの項目だ。一方，総合的には「チーム学習や発表を通してクラスメイトから学んだことは？」「点数が高かった班はどんなところが評価されたのか」「今回の経験や学習の成果を次にどんな場面で，どのように活かせるか？」といった，これからのリーダーシップ発揮につながる振り返りが求められている。

3 私立淑徳与野高等学校 剣道部

高橋俊之

次に，クラブ活動におけるリーダーシップ教育を見てみよう。序章で紹介した淑徳与野高校の剣道部の活動を見てみると，ここにも経験学習型リーダーシップ教育の基本形のポイントが入っていることがわかる。

A リーダーシップを発揮する環境作り

POINT 1 挑戦を作る

運動系のクラブ活動の場合,「勝つ」とか「これまでを超える」といった目標は比較的自然に出てくるし，必修科目と違って自分で選んで参加しているので，組織としての目標も共有しやすい。

ただし，淑徳与野高校剣道部の目標は，単に勝つだけのものではない。そこには2つの条件がある。1つは文武両道であること。ほぼ全員が大学に進学するので，剣道一筋，剣道最優先ではない。もう1つは「淑徳与野の剣道」を貫き通すことだ。遠間から思いきりよく踏み込んでメンで一本を取るというだれが見てもきれいな剣道を追求しているという。この2つは挑戦をより大きなものにしていると同時に目標の価値をそれだけ高めているとも言える。

POINT 2 挑戦に本気にさせる

強豪校の運動部に入る生徒たちならば元々高い意欲を持っているので，必修の授業よりもはるかに，入ってきた段階で本気になっているだろう。しかし，プロスポーツ選手でも，トップレベルとそれ以外では，やはり本気度が違う。まして淑徳与野高校では前述のように2つの条件も付加している。これらに対しては本気になれる部員ばかりではないようにも思える。

そこで生徒を本気にする施策は，リクルーティングの時から実は取られている。監督の平井健輔先生は中学校の選手たちを見にいってリクルーティングするが，声をかける一番の尺度は強い（＝勝っている）ことではない。「きれいな剣道」に向かうための基本ができているかどうかを一番に見る。そして「うちは高校時代の戦績をあげるためだけに小手先の技術で戦うことを求めたりしない。大学生や，社会人になっても剣道をやり続けられるようにしていく。そういう剣道を一緒にやろう」と声をかけていくという。もちろんそれは入学時だけではなく，淑徳与野高校剣道部にいる間中，貫かれる。このことは，そういう剣道の基本ができている生徒たちの心に響き，彼女たちを本気にさせるはずだ。中学校の段階でトップ選手でなくとも声をかけられたこと，自分の剣道を「基本ができている」と認められたこと,「小手先に走らず将来につなげるためにそれを伸ばしていこう」と言われ続けていること。インタビュー中，彼女たちは「淑徳与野の剣道」という言葉を何度も口にした。その頻度は先生よりも多かったほどである。これは彼女たちが淑徳与野の剣道に誇りを持っていることを示している。先生のブレないリーダーシップと誇りを持てる目標が，部員たちの真剣さを引き出しているのだろう。

遠間から大きく踏み込んでメンを打つ「淑徳与野の剣道」

もう1つ，彼女たちを本気で取り組ませるのは，限られた練習時間である。ライバル校が「剣道漬け」の日々を送っているのに対して，淑徳与野高校では1日の練習に1時間半しかかけない。そして一つひとつの練習は，よくなかったからといって繰り返すことはしない。「このメンは今日1回しか打てない」と思えば，その1回に込める真剣さも違ってくる。特に他校の選手の練習を見る機会があると，自分たちの練習の密度の濃さを再認識し，ますます真剣に取り組むようになるという。

POINT 3 リーダーシップ発揮の必要性を組み込む

平井先生は「剣道を通じてリーダーシップ教育をする」と言われているわけではない。しかしその指導方法を見ると，リーダーシップ行動を促進するようになっている。まず大きいのは「先輩が後輩を指導する」という方式である。上級生には後輩を指導（リード／支援）することが求められる。一見，自分のことに集中できなくなる分，勝つためには不利なようにも見える。しかし「剣道は短い時間の中で相手の弱みや隙を見つけて打ち込む競技。下級生ができていないことを見つけることはその訓練になる」という先生の言葉に，上級生たちは真剣になって下級生を指導する。先生は下級生ができないと，本人ではなく指導している上級生を叱る。それを見て下級生たちはさらに必死で学びとろうとする。

リーダーシップ行動を促進する2つ目のポイントは「目的を考えるように」求められることだ。リーダーシップの第一歩は自発性――自分で考えて自分から動くこと――だが，言われていることをやればよいだけだと自発性は生まれにくい。平井先生は，それぞれの練習がどのような目的を持っているのか，常に考えさせようとしている。1つの技について，わずか3分ほどの練習時間であっても，生徒が考えていないと感じたら練習を止め，全部員を集めて「この練習の目的は何だ？」と問いかける。

練習時間が非常に短いことも「自分で考えて自分から動く」ことを促進していると思われる。時間が短い中でやるべきことをやり尽くすには自分たちで工夫することも必要になる。これと先生の「目的を考えろ」という言葉は，常に状況を見渡し目的を考えながら動く癖をつけさせるようだ。部長を務める生徒の「担任の先生が何かしようとしている時には一番先に気づくようになった」という言葉は，それを示している。

B 経験を成長につなげるための仕組み作り

POINT 1 個人のリーダーシップ目標を設定する

個人別のリーダーシップ目標は立てていない。共通する目標として，1年生は基本的な生活態度を身につけること，2年生・3年生は，下級生の指導ができるようになることを目指す。また全国大会の舞台に立つことと「淑徳与野の剣道」をすることの両方を部として目指す中，特にリーダーたちは自分で，どう動くべきかを考え，それぞれの目標を持つようになっているようだ。

序章で紹介した生徒たちのインタビューから見てみよう。

3年生の部長の岩崎萌さんは，「笑顔を大切にしている」と話してくれた。「練習中の平井先生はとても厳しいので，叱られるとみんなシュンとしてしまいます。そんな時，率先して『よし，次のことをやろう！』と声をかけ，みんなの気持ちを切り替えるように心がけています」。同時に，先を読んで行動することも大切だと言う。「先生は何を考えているんだろう，では，自分はどう行動したらいいんだろうといつも考えます。それは剣道のときだけではなく，ふだんの授業の中でもそのように率先して動けるように気をつけています」

安達小粋さんは，大将としての覚悟を口にする。「私は大将なので，チームを勝たせる責任があります。どんなときでも絶対負けない，自分が取り返すという気持ちを持つことが私の役目です」。また，練習の中で「我慢して工夫すること」が身についているという。「よく考えろ！」と言うのが平井先生の口癖。何のためにこれをやるのか，どうやったらできるのか，自分で考えて工夫しろと言われ続けている。時には「理不尽」に感じることもあるという。しかし，それを我慢して「どうしてだろう？」と自分で答えを出していくことも剣道には必要。「試合が始まったらだれも助けてくれません。人のせいにするのではなく，自分で考えて，行動することで，結果がついてきます」

2年生の部長，金子円花さんは「淑徳与野の剣道」を後輩に受け継ぐことが自分たちの使命だと考えている。そのために，先輩たちの言動を一生懸命見て，真似をしている。

POINT 2 サポートする

淑徳与野高校剣道部の場合，3つのサポートが働いていると思われる。1つ目は「平井先生が『淑徳与野の剣道』からブレない」ことである。「大事な試合を前にしても絶対にブレない」と生徒たちは口を揃えて話していた。方針や優先順位がブレなければ，生徒たちも考えたり判断がしやすい。また安心して思い切り自分から動いていける。逆にリーダーの方針がコロコロ変わったりはっきりしない組織では，メンバーがリーダーシップを発揮しにくくなる。

2つ目は平井先生が「なぜそうするのかを常に押さえさせている」ことである。「限られた時間の中で身につけられるのは『基本』だけ。小技をやっても中途半端になる。この練習の目的は『いかに深く飛び込むか』という基本動作の練習だ……」。このように説明したうえで「目的を考えて取り組め」と言われると，生徒同士のアドバイスもやりやすくなるし，厳しい練習であっても集中して取り組めるようになる。生徒たちがその目的を忘れているようであれば，たとえ3分の練習メニューの中でも，練習を止めて「この練習は何のためにやっているのか？」と問いかける。そう考えると，練習内容が合理的であってこ

淑徳与野高校剣道部は全国に名前が知られる強豪校

そ，リーダーシップは発揮されやすいとも言える。

3つ目は生徒たちから出た「大事なところで先生が怒る」ということである。多くの人は易きに流れる側面を持っている。身体的，精神的にしんどくなってきた時，あきらめたくなったり妥協したくなったりすることもあるだろう。しかしそこで叱咤激励し，淑徳与野の剣道に立ち戻るよう，あるいは目的を考えるよう怒ることが，生徒たちをはっとさせ，限界を乗り越えさせ，リーダーシップの面でも成長させる。もちろんこれは，ただいつも怒っているとか，結果が悪いとすぐ感情的になるといったこととはまったく違う。

POINT 3 振り返らせる

BLPや駒場高校の授業におけるような振り返りはおこなわれていない。しかし，日々の練習の中，平井先生の上級生たちへの問いかけによって，部員たちは振り返り，次に向けて考えている。それは「今，何が必要なんだ」「今，何をすべきなんだ」と絶えず考えさせる平井先生の言葉によるものだ。先生の問いかけに対し「あ，声を出してみんなの気持ちを切り替えさせなければ」「後輩の指導ができていなかった」と気づき，どうすればよいのか考える。

以上，経験学習型リーダーシップ教育の基本形について，3つの事例を用いて説明してきた。最後に強調しておきたいのは，やりやすいところから，少しずつ導入すればよいということである。リーダーシップ教育専用の授業でなければならないということはない。他科目の授業でもクラブ活動でもホームルームや行事でも可能である。またいきなりフル装備のリーダーシップ教育である必要もない。むしろ経験型リーダーシップ教育の基本形にあるポイントを，学び手や指導者がしっかり消化できるやり方で盛り込んでいく方がよい。たとえば駒場高校の木村先生のリフレクションシートはとても充実したものだったが，最初はただのメモ用紙に「次回に活かすこと」を書き込んで共有することくらいから始めてもよい。そこから授業を改良していくプロセスに学び手を巻き込んでいくことも，とてもよいリーダーシップ教育になりうる。

第2部
リーダーシップの具体的な教育手法

動機づけ，知識・スキルの習得，自己分析の方法，倫理性・市民性への理解など，リーダーシップ教育の各要素について，具体的な教育手法を説明する。

第3章 本気を引き出すには
効果的な「動機づけ」の方法

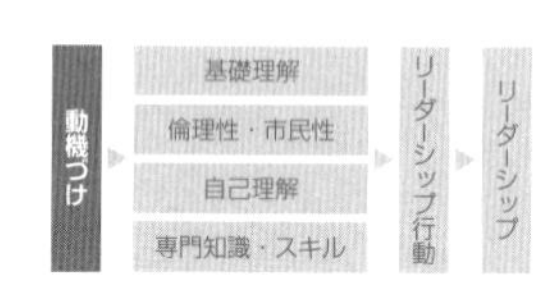

高橋俊之

第3章で扱うのは経験学習型リーダーシップ教育の基本形の中の「動機づけ」だ。第1章，第2章で述べてきたリーダーシップ教育のあるべき姿は理解できても，肝心の学び手が「やりたい」「やってみよう」という気持ちで取り組まなければ，成果はあがらない。さまざまなアクティブラーニングやPBLに取り組んできた経験のある読者であれば，「そこが一番難しい」と感じておられる方も多いのではないだろうか。第2章で述べたように，教育プログラムを設計するときにも，学び手の「挑戦に本気にさせる」内容を組み込むことが重要であるが，それだけではなく，一つひとつのグループワークや課題への取り組みの場面で，常に意識していくべきことがある。

ここでは，筆者らが立教大学経営学部のBLPの中で実践している4つの方法を紹介しながら，学び手の本気を引き出す方法を考えていきたい。

- 本気を出す必然性を作る
- 「かっこいい」を演出する
- 得られるものをイメージできるようにする
- 「やれる！」と感じさせる

この4つの方法を選んだのは，BL0やBL1において教員やSA・CAたちと試行錯誤する中，これらがリーダーシップに興味や意義を感じさせるうえで効果が高いという感触を得ていること，一方で，まだあまり教育現場で実践されていないと思われることからである。

1 本気を出す必然性を作る

1つ目は本気を出す必然性を作ることである。必然性があると，人は少なくとも「がんばらなきゃな」とは思う。逆に必然性がないのに本気を出させるのは難しい。では，どうなると必然性があると言えるか。次のような条件がそろうと必然性があると言えるだろう。

- ハードルを越える意義が感じられること
- 本気を出さないとハードルを越えられないこと
- ハードルを越えるしか選択肢がないこと

たとえば，BL1の授業において，全員がチームに分かれてオリジナル教材で高校生を相手に論理思考の授業をする高校生BL1（**写真下**）はこの条件を満たしている。

まず意義という意味では，教えることで論理思考がとても身につくであろうことは授業での説明やSAたちの体験談，そしてSAたちの授業における説明から，学生たちは納得していく。

次に，今期学んだばかりの論理思考を60分で高校生に教えて「わかった！」「おもしろい！」と思ってもらうには，本気を出さないととても無理である。「仕方がないのでとりあえずやる」ではすまないくらいハードルは高い。使用事例を複数用意して自分たちで解答例を考えたり，スライドを準備したりす

高校生BL1　1年生後期，学んだばかりの論理思考を高校生たちに全員が教える

るので，全員で取り組まなければ難しい。

ハードルを越えるしか選択肢がないという点については，単位を取るためというのもあるが，いわば「舞台に上がるしかない」というのもある。高校生たちは大学選びの一環としてやって来るので真剣であるというのは大学生たちもわかっている。高校生を幻滅させたり，しどろもどろの60分が続く事態は大学生としても絶対に起こしたくないはずである。

高校生BL1のような機会は学期に1回程度だが，もう少し小さな機会は頻繁に作れる。たとえばBL0のポスター発表では，チーム内を2つに分けて，来場者に説明する役割と，他のチームのものを見にいってフィードバックをしたりアイデアを持って帰ったりする役割というように各人が重要な役割を担う。また通常のクラスでも，PBLのスタート後には，グループワークをするばかりではなく，あえてチームをばらばらにしてその日だけのグループを組み，ふだんそれぞれのチームでやっていることを説明し，フィードバックを受けたり，他のチームでおこなっている話からヒントを得るべく話を聞く機会が複数ある。チームの代表として出ていき，使命を果たしてくると思うと「しっかりやらなきゃ」と本気を出す必然性が感じられる。

もちろん，与えられた役割を果たすだけではリーダーシップを発揮しているとは言えない。しかし，がんばらざるを得ない状況に追い込まれてやってみたら，思っていたよりうまくできたり，自分が役に立っていることを実感できたり，相手やチームメイトに褒められたり，活躍しているクラスメートに刺激を受けたり，時に悔しい思いや情けない思いをしたりすることもある。そういった刺激の中でだんだんにみずから動き出す気持ちが育っていくことを狙っている。

2「かっこいい」を演出する

先の「必然性」のような「やらざるを得ない」「やるしかない」状況設定の他

図3-1 オープニングムービー

にも，「やりたい！」と思わせる方法がある。たとえばゲーム形式を取り入れて楽しくしたり，仲間意識を高めてモチベーションをあげたりすることはその代表例だが，これらは読者も既知と思われるので，ここでは少し違うものを取りあげる。それは「かっこいい」という要素である。筆者らの経験によれば，「かっこよさ」は，若者に「やりたい」と感じさせるためにとりわけ有効である。

BLPで見ていると，特に1年生の段階では，就活に役立つことや希望するゼミに入れるということよりも，「かっこいい（周囲からかっこよく見られる）」ことが多くの学生の動機になっているようである。逆に言えば，「なりふり構わずがんばるなんてかっこ悪い」という感覚が，多くの学生にブレーキをかけている。

そこで，BLPでは「このプロジェクトはかっこいいんだ」「ここでがんばることはかっこいいんだ」という「演出」をしている。第1部で取り上げたウェルカムキャンプも，それを意識しておこなわれている。オープニングムービー（**図3-1**）に出てくるグループワーク風景の中で先輩たちが真剣にペンを走らせ，キーボードを叩き，議論している姿は，かっこよく見えることを意識して制作されている。BGMと，画面に表示される力強い単語が，かっこよさを強めている。またこのムービーを（大人ではなく）1年先輩の学生たちが作成しているということも，新入生には「かっこいい」と感じられていたはずだ。

オープニングムービーは一例で，あらゆる機会を利用して，いろいろな新入生たち，たとえば大学に入ったらのんびりしようと思っていた人，第一志望校ではなかったので意気消沈して入学式を迎えた人，「勉強」は得意だがリーダーシップには及び腰な人たちなどを含めて，みんなが「がんばると，かっこいい，そしてエキサイティングな大学生活が過ごせるのかもしれない！」と思い始めることを狙っている。

プロジェクトを企業と連携しておこなうことにも，学生にとっての「かっこいい」を高める効果がある。これまで消費者でしかなかった自分たちが，ビジネスを動かしている側に関わることがまずかっこいい（新入社員やアルバイトとして組織の最下層に入るのとは違う）。しかも課題は単に「売上を何割伸ばす」とかではない。「若者のファッションの楽しみを倍増させるために，BEAMSができることを提案せよ」「日本の食が豊かになるために吉野家ホールディングスができることを提案せよ」というように，企業と社会にとって真の価値を高めるような提案をすることが求められている。いわば，ビジネスというリアリティと，社会に影響を与えるという理想，おそらくどちらも新入生にとってははじめて接するものが提示され，それを満たす提案を求められる。これにこたえることは当然難しいのだが，やろうとしていることに価値があれば，むしろ「難しいからこそかっこいい」となってくる。

立教大学だけではない。たとえば実践女子大学の「渋谷のどこがおもしろいのかを実際に見つける」というプロジェクトは学生たちに「かっこいい」と捉えられているはずだ。また，遠間から思いきりよく踏み込んでメンで一本を取ることを追求するという「淑徳与野の剣道」も，剣道部の部員たちにはある意味で「かっこいい」と捉えられているのではないかと考える。

しかし，「かっこいい！ やってみよう」と思って動き出しても，BLPでは学期が進むうちに当然壁にぶつかる。よいプランが作れないこともあれば，チームがうまくいかないこともある。そういった時でも，状況をかっこよく仕立てるための演出が使える。たとえば受講生が「あー，まずいなー，嫌だなー！ もう投げてしまおうか」と思っていそうな時は，「確かに大変だね。でも，絶対に投げちゃいけない。なぜなら，これこそリーダーシップを学ぶ最大のチャンスだからだ」と話す。それだけでも受講生によっては，現実はそのままなのに，情景が少しずつ違って見えてくる。そこでさらに続ける。「まず，自分たちで本音をぶつけあってごらん。ただし，このチームのみんなで最高の結果を出すという目的を忘れないこと。オブラートに包まずにぶつけて，もし困った事態になったら助けに行くから，まず自分たちでやってみよう。これをやりとげたら君たちは，何事もなく進んだチームよりも絶対大きなものを得られるよ」。これはメリットも説いているのだが，同時に「かっこいい」効果も狙っている。この話で，貧乏くじを引いた，しかもそこからプロジェクトを立て直せないみじめな奴らに見えていた自分たちが，困難を打開すべく立ち上がるヒーローに見えてくる。そういうとマンガみたいだが，実際話しているうちに彼らの目の輝きや姿勢が明らかに変わり，最後には力強く「やってみます」と言って立ち上がるのを何度も見たことがある。

「かっこいい」の最後の例としてあげたいのはSAである。立教大学経営学部の学生にとっては，SAの存在が非常に大きい。入学直後のウェルカムキャンプは新入生からするとプロ顔負けのイベントに見えるはずだが，それを動かしているのは，BL0のSA・CAたちだ。MCを務める者，音響や照明，スライドを制御する者，各クラスでワークを進行する者（先生はMCを務めるSAからの振りで登場する），クライアントを誘導する者，学年全体のワークを仕切る者，昨年の経験を語る者等々。学期が始まってからも，クラスを進行し，フィードバックをくれ，個人やチームの相談にも乗ってくれるSAたちは，1年生から見ると，とてもかっこいい。もちろんSAたちはコースリーダーやクラス担当教員の指導のもとに動いているのだが，それにしてもただの「アシスタント」を超えた大きな役割を担っている。そういう彼らの姿にあこがれ，やがて翌年度のSA募集に学年の4人に1人が応募する。そこには「力がつく」とか「自分も人の役に立ちたい」という動機もあるが，「ああいうふうに（かっこよく）自分もなりたい」という想いを非常に多くの人が持っているのではないかと考えている。

3 得られるものをイメージできるようにする

取り組むことで得られるものが大きいこと，つまり「なぜこれをやっているのか」を理解させられれば，これも学生たちを本気にする強力な要因になる。そこで1つの方法は，彼らの実生活ですぐ役立てられるような題材を使うことである。しかし，それができない局面も多く，かつ普通に目的を言うだけではなかなか伝わらない。

3.1 イメージが湧くように伝える

そこで有効なのが，イメージが湧くように，またインパクトを感じるように伝えることである。たとえば「なぜリーダーシップを発揮できるようになるべきなのか？」というのを，あなたならどのように説明するだろうか？「将来に役立つから」ではイメージがほとんどわかないので，言っても言わなくとも同じだろう。「これからの時代は新入社員の時から『何をすべきか自分で考えてほしい』『周りを巻き込んでほしい』と要求される」と，データを示しながら説明するのはどうだろう？ まだ企業で働いたことのない学生たちは，頭では納得しても，イメージまではわいていない恐れが高い。「やらなきゃな」とは思っても「やりたい！」とまでは思わないだろう。そこでBLPでは「うれしいイメージがわくように」説明しようとしている。たとえばまずはスライドに

> なぜ大変なのにリーダーシップを？

とだけ出して，学生たちに聞いてみる。学生たち自身にまず考えてもらうためである。そして，いろいろな意見が出てきたところで，こちらの考え方を示す。その際，たとえばリオデジャネイロ・オリンピックで卓球女子団体銅メダルに輝いた福原愛選手のぐずぐずのうれし泣きの写真を見せて

■ 結果を出せる（ことが増える）

と話す。「あいちゃん，『これまでで一番苦しかった』って言っていたよね。自分自身は負けてしまっていたしね。でも後輩を励ましたりアドバイスしたり思いきり応援したりとリーダーシップを発揮し続けたから結果が出たんだと思わない？」すると少なくない学生がうなずいたり，少し前に乗り出す姿勢になる。特に体育会の学生は自分の体験を思い出してか，高揚した表情になる。

続いて，学生たちにもファンの多い『ONE PEACE』（ワンピース）のマンガを例に

■「ありがとう！」と言われる

という理由を説明する。「『ありがとう！』って言われるためには，自発的であることが重要だよね。大変なことなのに，やる義務もないのに仲間のために動くからこそ，思いっきり『ありがとぉーーーーーーー!!!!』って言われるわけだよね」

この時，学生たちの頭の中では，『ONE PEACE』の主人公ルフィが涙と鼻水でぐしゃぐしゃになった顔で叫んでいる表情と，自分が覚えているシーンが浮かんでいる。たとえ現実ではなくマンガであっても，うれしいイメージが具体的に浮かんでいる。そこで「こういうことってきみらの現実にもありえるよね」と話していくと，リーダーシップを発揮する目的が，うれしいイメージとして具体的に見えてくる。すると，単にメリットや必要性を説明された時よりも「やりたい」気持ちが心から湧き起こってくる。こういうことは重要な局面のたびにおこなえるとベストである。

3.2 裏づけとしてSAみずからの事例を見せる

メリットを実感させる方法がもう1つある。それは実例，それも身近な人の例を見せることである。立教大学経営学部BLPの中では，SAが自分の体験か

ら語ることでこれをよくおこなう。

たとえば，相互フィードバックにおいて，相手の改善点をフィードバックするいわゆる「ネガティブ・フィードバック」は双方のリーダーシップを伸ばすうえで重要である。しかし学生としてはその場の雰囲気を暗くしたり相手とのその後の友人関係に影響したりすることを恐れて，できるだけ差し障りのないフィードバックにしてしまいたくなる。そこで「相手のためになるのだから言いにくいことも言おう」と理屈で説明することにとどめると，頭ではわかっても行動にいたらないということが起きがちである。

このような状況に対して，BL0では，SAたちが「ネガティブ・フィードバックがこれだけ自分に役立った」というみずからの経験を出し合って体験集に仕立て，受講生たちに送信している。身近でありながら，しかもあこがれの存在であるSAたちがみずからの体験でこのことの重要性を語ると説得力があるのだ。

さて，ここまでSAについて何度もふれてきたが，そのSAとして活躍している学生2人の学生を紹介しよう。2016年4月に入学し，BL0，BL1を経て，2017年度のSAを務めている。2人がBLPの授業とどのように向き合ってきたか，そこでどんな成長を感じ，SAとして何を達成しようとしているかを読み取っていただけるものと思う。

Front Line

SAたちが語る「私のリーダーシップ」

立教大学経営学部 国際経営学科　3年　山本元気さん

チーム全員が力を発揮できるようにサポートすること

ウェルカムキャンプですごくモチベーションが高まって，BL0も最初からフル回転で取り組みました。課題を出していただいた企業は牛丼の吉野家だったのですが，業界のデータを調べたり，実際の店舗に足を運んだり，夜の10時ごろまで図書館で調べ物や提案書の作成をする日が続いたりしたこともありました。すごく大変でしたが，それが楽しかったので，「自分はこういうことに夢中になれるんだ」ということを発見したのがBL0の1番の収穫です。また，チームのみんなから「中心になってくれてありがとう」と感謝され，それがさらなるモチベーションにつながることも実感しました。一方で,「もっと仕事を振ってほしかった」というフィードバックもありました。

一生懸命取り組んだ「提案」の仕上がりも,メンバー全員で取り組んでいたチームにはかなわず,「1人でがんばりすぎてもダメだ」ということにも気づきました。それが,次のBL1における僕のリーダーシップ目標へとつながったのです。

BL1では,チームのみんなが力を発揮できる雰囲気を作ろうと心がけました。まずは,みんなが何を感じ,何を考えているかに注意をはらう。そうすると,自分からどんな問いかけをしたらいいかが見えてきます。そして,相手からも,予想以上のよいアイデアや,新しい視点の意見が出てきます。また,クラスの雰囲気がなんとなく沈んでいる時には,自分から発言して,他の人が話しやすい雰囲気になるように心がけました。

クラスの受講生間の推薦で,「クラス作りに貢献している人」に選ばれ,自分自身のグループでも「グループをまとめてくれて助かった」というコメントをもらいました。「がんばってくれている」というBL0の時のコメントより,ずっとうれしいコメントでした。

高校までは前に出るようなタイプではなかったので,リーダーシップなんて無縁だと思っていました。しかし,BL0,BL1を通じて,「自分は他の人が言いたいことを汲み取るのが得意だ」ということがわかり,また,主体性を発揮するたくさんの機会に恵まれて,積極性が身についたことで,自分なりのリーダーシップが発揮できるようになったのだと思います。

やまもとはるき●立教新座高等学校出身。無試験で入学できたため,はっきりとした目標も持てないまま経営学部へ。「大学は人生の夏休み」というイメージさえ持っていたが,BLPに出会って,打ち込めるものが見つかった。1年次は生活の7割がBLPだったという。2年生になってBL0,BL1のSAを務め,現在はBL2のCAとして活躍中。

立教大学経営学部 経営学科　3年　大木郁歩さん

「論理思考」を使って解決策を出したりアイデアを整理したりすること

私にとって,入学当初の半年間は試練の時期でした。ウェルカムキャンプの盛り上がりに圧倒され,「大変なところに来てしまった!」という不安の中で大学生活がスタート。

もともとアイデアを思いついたり,それを提案したりすることは得意ではなかったので,

BL0のグループワークでも消極的。ただ，わずか4人のグループなので，みんなの発言をホワイトボードに書きとめたり，プレゼンテーションの原稿をまとめたりと，自分にできることをやるようにしていました。

メンバーからは「みんなに気遣いしてくれて，グループの雰囲気をよくしてくれた」というフィードバックと同時に「思っていることを言わないとわからないよ。もっと能動的に動いていいと思う」というアドバイスももらいました。そうやって回を重ねるごとに，グループの中で，自分がどんな風にふるまったら貢献できるかは，少しずつわかってきました。

そして，「論理思考」を学ぶBL1が転機となりました。もともと考えることは好きだったので，メカニズム思考を利用して解決策を見出していく課題は，楽しく取り組むことができました。バイト先のパン屋さんで，その日の営業終了間近の業務をメカニズム思考で改善し，効率化を図ったことを授業外実践のレポートにしたところ，クラスの「ベストレポート」に選ばれ，「これは私の強みになりそう」と感じるようにもなりました。

高校生に論理思考を教えるプロジェクトでも「効率のよい勉強のメカニズム」を考えたら，それがグループ案として採用されました。

入学以来，次々とおもしろいアイデアを出す人，率先してみんなを引っ張る人などを見て，人それぞれにいろんな強みや役割があるんだなと感じる一方，私自身は自分の強みがはっきりせず，不安を感じていました。それが，BL1で論理思考を学んだことで見つかったのです。全体を見渡しながら「論理思考」を使って考えた解決策を出したり，みんなのアイデアを整理したりする。先頭に立たなくても発揮できるリーダーシップがあると感じることができたのです。

おおきいくほ●私立淑徳与野高等学校出身。グループワークが苦手で，はじめはBLPの授業になじめなかったが，BL1で，自分の強みである論理思考を活かしてグループに貢献。自分なりのリーダーシップの発揮の仕方があると気づく。「論理思考の偉大さを後輩にも知ってもらいたい，自分自身ももっと成長したい」と，BL1のSAに応募し，採用された。

4「やれる!」と感じさせる

我々は主体的に動かない人のことを「消極的」とか「やる気がない」とか言いがちである。こういうことを言っている時，前提として「本当はやれるのにやっていない」と考えている。ところが実は「やれない」のだったということが少なからずある。能力的にやれないこともあれば，何をしたらよいかわからないこともあるが，いずれにせよ「やらない」のではなく「やれない」のが真相である。逆に言うと「やれる」ようにサポートをすれば動き出す可能性が少なからずある。

前ページコラムで取り上げた大木郁歩さんは入学して最初の半年間，BL0で自分なりにトライはしてみたものの，リーダーシップを発揮するのはなかなか難しいと感じていた。

このような人に対してできることの1つ目は，その人の強みを見つけて伝えてあげることである。するとその人は自信を持つとともにうれしくなり「自分から動いてみよう」と思い始める。

大木さんの場合，後期になってBL1がスタートし論理思考に取り組むようになって，強みが出てきた。論理思考の中の，物事の仕組みを捉えたり，それを利用して問題を解決したり，説明・説得するといったことはよくできていて，毎週の課題をとても高い質で提出していたのでクラスの中で何度か「ベストレポート」に選んだ（大木さんは筆者のクラスにいた）。ベストレポートは成績評価とは違うので「特によい」と言える水準をクリアしていれば「今回はこの人にすることで背中を押そう」という使い方ができる。また口頭でも「考えることと書くことがとてもできているので，自信を持ってやってごらん」と話していった。

なお，このように強みを見つけたりフィードバックしたりするうえでもSAは役立つ。SAたちはよく受講生の授業内およびクラスSNSでの様子を見ているし，受講生と距離感が近いので互いにコミュニケーションもとりやすい。

「やれない」と感じている人に対してできることの2つ目は，振り返り（毎回の授業後）を活用することである。まず本人が行動目標を意識して実行し，振り返りで「できた！」と書くことで自信につながる。そしてこちら側（教員または

SA）がそこにほめるコメントをすることで，より強い自信と意欲が持てる。もし達成できていなかった場合は，よかった点を見つけてほめ，次は成功するためのアドバイスをする。

3つ目には，「やらざるをえない」状況を作ることがあげられる。本当は「やれる」のに，やれないと本人が思っているだけの場合に特に有効な策である。たとえばグループを組むにあたって，本人が目標としているリーダーシップを果たさないとチームが回らないような組み合わせにしてしまうのである。大木さんのチームには実際，引っ張るタイプやムードメーカーを置きつつ，全体を見渡して考えることは彼女が第一人者であるようにした。そうすることで彼女がリーダーシップを発揮せざるを得ないようにしたわけである。実際，彼女はそのようなリーダーシップを発揮し「チームの役に立てた！」という成功体験を得て，翌年，BL1のSAに応募し，採用されるにいたった。

5 自分で自分の本気を引き出せるレベルへ

本章で述べてきたように，必然性，かっこよさ，得られるものをイメージさせる，「やれる」と感じさせることなどを使いながら，学び手の本気を引き出していくことができる。

しかし，忘れてはならないのは，この結果発揮される学び手のリーダーシップは，まだ「踏み台」つきであるということだ。めざすべきは，学び手が自分で自分の本気スイッチを入れる方法をつかむこと，さらに次は周りを本気にさせる側に回ることである。したがって，その方向に進むよう彼らを動機づけしながら，踏み台を徐々に下げていく必要がある。

学び手を動機づけして本気を引き出すことは，第1章でみたようにリーダーシップの発揮に必要な4つの要素すべてのレベルアップにつながる。したがって，我々としてもさらに効果的な方法を探っていきたいと考えている。また，学び手の本気を引き出すことは，教える側のリーダーシップ発揮であるともいえる。つまり我々がロールモデルを見せる意味でも磨いていきたいところである。

第4章 論理思考力でリーダーシップを高める

リーダーシップ発揮につながる知識・スキルの学び方

動機づけ
基礎理解
倫理性・市民性
自己理解
専門知識・スキル
リーダーシップ行動
リーダーシップ

高橋俊之

第4章では，効果的なリーダーシップが発揮されるために必要な要素の中の「専門知識・スキル」について，論理思考を例に説明する。「リーダーシップの基礎理解」「倫理性・市民性」「自己理解」とともに4番目にあげている項目だが，これらに先立って「専門知識・スキル」，とりわけ論理思考を取りあげるのは，考える力を高めることで他の要素の学習効率も高められるからである。

本章では，立教大学経営学部のBL1（論理思考とリーダーシップ）を題材に説明する。大学生活の最初にウェルカムキャンプの興奮を体験して，ある意味「魔法にかかった」状態でBL0を学び抜いた学生たちも，夏休みを経て魔法が解けている。そこで9月から取り組むのが論理思考を扱うBL1である。もちろん，「論理思考」というタイトルを掲げると，学び手から「理屈っぽいのは苦手」「リーダーシップとどこが関係するの？」という声も上がりそうなことも承知している。実際，5，6年前まではBL1についても同様の傾向があった。しかしその後，「実生活に役立つ論理思考」を前面に出し，論理思考を使ったリーダーシップ行動を体験させるような授業を展開していったところ，この科目のイメージはだいぶ変わり，授業評価アンケートの学生満足度は常に4.5を超えるまでになった。さらにその上位科目のBL3C（実践で学ぶ論理思考）は受講にあたって選考をおこなうほどの人気科目となっている。どこにどのような工夫をしているのか，以下述べていこう。

1 考える力はリーダーシップにどう効くのか

第1章で述べたように，考える力，とりわけ論理思考力はリーダーシップに大きくプラスになる。とりわけ**図4-1**にあげたリーダーシップ行動には有効である。少し確認しておこう。

まず，第4章「本気を引き出すには」で見たように，人に心から動いてもらうためには工夫が必要である（真の説得）。この工夫のために論理思考が役立つ。

次に「よいアイデアを出す」ためにも論理的な思考が使える。アイデアを出すことそのものにも使えるし，よいアイデアを含んだプランを作るためのよい分析にも使える。

「わかりやすく伝える」ことは，当たり前のように見えて意外と難しい。また提案等で人に動いてもらうためにも，ディスカッションで貢献するためにも不可欠である。そうしたことから，学生たちが論理思考を学習して「効果を感じた！」と最初に言うのがここである。それまでは「話がごちゃごちゃしていて何が言いたいのかわからない」と言われていたのが「すぐわかった！」と言われるようになったという話をよく聞く。そこからさらに進歩していくと，難しいことやイメージしにくいことをわかりやすく説明できるようになる。これは

論理思考で高められるリーダーシップ

人を動かす	モチベーションup！→ 行動
良いアイデアを出す	テーマ・分析・提案
分かりやすく伝える	発言・スライドなど
人を活かす	質問・意見活かし・適材適所
良い意思決定をする	段取り・取捨選択など

図4-1 論理思考で高められるリーダーシップ

複雑な状況や，表面的なことに流されて間違った方向にいきそうな状況ではとても重要になる。

「人を活かす」ことはリーダーシップの大事な要素だが，社会人でも実践は難しい。また優秀な人が，自分が優秀であることが災いして人を活かせないでいるのもよく見る。そこでロジカルに考えることで，自分にはない強みを持った人を活かしたり，よいアイデアを持っているがうまく出せない人から意見を引き出したり，一見矛盾するように見える意見を両方活かす考え方を見つけ出すことなどを目指す。

もう1つ，考える力がリーダーシップ発揮に効いてくるのは意思決定の場面である。組織において意思決定が二転三転したり，もはや目的を果たさない妥協の産物になってしまったりすることは珍しくない。そのような場合でも目的と判断基準を確認し，win–winの方策を模索するには，論理思考力が役立つ。リーダーだけでなく，関係者全員がある程度の力を持っていることが理想的である。

2 リーダーシップに使える論理思考とは

では，ここで言う論理思考とは実際，どのようなものを指すのか。BLPでは次の3つのポイントに絞って受講生に説明している。

- 目的を押さえる
- メカニズムをつかむ
- 「要は」と「たとえば」を使いこなす

そして，論理思考の場合に限らず重要なのは，リーダーシップにつなげて，具体的に説明することである。

2.1 目的を押さえる

あらゆる場面において「目的を押さえる」のは当たり前のことに見えるが，現実にはできていないことが多い。またそれが原因で大小さまざまな問題が起きている。逆に，目的が押さえられていると，いろいろな状況に直面してもブレずに進んでいける。

目的を押さえることには大きく分けて3つのメリットがある。1つ目は，優先順位が決まっているために判断が速く，クリアになることである。

2つ目のメリットは常識を越えたアイデアにつながることだ。そういうと「ひらめいた！」というようなシーンを想像しがちだが，論理思考からも常識を越えたアイデアは生まれる。具体的には目的を押さえたら，

- そのために使えるものをしらみつぶしにチェックしていく
- 目的につながらないことには囚われない

ことだ。

たとえば授業だけでなく大学生活のあらゆる場でリーダーシップ教育がおこなえないか考えてみる。すると学務から学生への案内の仕方も「考えてみずから動くことを促進する」ように工夫できるかもしれない。そういうものが積み重なれば，授業の中だけでリーダーシップ教育がおこなわれるよりも学生の到達点は高くなるだろう。

目的を押さえる3つ目のメリットは，人間にとって自然な欲求に流される，という落とし穴を避けられることである。代表的な落とし穴は「快適さ」の欲求である。たとえばリーダーシップ教育においては「無事」がよいとは限らない。クラス運営をしているとつい，「無事」であることを望んでしまいがちだが，「思いきり意見を押し出したら衝突が始まってしまった」とか，「高望みしたら収拾がつかなくなった」という方が学びは大きくなる可能性がある。そこでチームのメンバーを決める時も，「スムーズに」いくことよりも，「学びが大きくなる」ことを意識しながら考える。ただしチームが崩壊してしまっては失敗体験のイメージだけが残りかねないので，そこまでにはならないように組み合わせに気

をつかったり，必要に応じて介入できるように見ている必要がある。

2.2 メカニズムをつかむ

立教大学経営学部BLPで教える論理思考の2つ目のポイントは，メカニズムをつかむことである。メカニズムとは「物事の仕組み」と捉えてよいだろう。たとえば「インフルエンザを発症するメカニズム」とか「渋滞が起きる仕組み」は典型的なメカニズムである。メカニズムを押さえられていると，もれなく・無駄なく・必要なところに手を打てるので，成功確率が上がり，しかも効率的になる。

リーダーシップのための論理思考では，とりわけ「人が動くメカニズム」をよく考える。たとえば第3章「本気を引き出すには」で述べたことはまさに人がみずから動く，とりわけ学生たちが動き出すメカニズムである。他にも人を動かす状況はいろいろある。お店になるべく多くのお客さんを呼び込むためのメカニズム，友だちの誕生日に最もハッピーなサプライズを起こすためのメカニズム，あがり症の人がプレゼンテーションであがらないためのメカニズム等，さまざまなメカニズムを捉える力を鍛えることで，リーダーシップ発揮に役立てることができる。

2.3 「要は」と「たとえば」を使いこなす

論理思考の3つ目のポイントは，「要は」と「たとえば」を使いこなすことである。大学教育らしくない表現だが，受講生の理解度と定着度は高い。まず「要は」と「たとえば」とは次のような関係にある。たとえば自己紹介で，

> 私の特徴は几帳面なことです。たとえば本棚の本は五十音順に並べないと気がすみませんし，約束の時間の10分前ちょうどに着くようにしています

というと「要は」は「几帳面」である。「要は」を別の言葉で言うと「一言で言えば」とか「短く言うと」だろう。これに対して「たとえば」はその後ろの「本棚の本は五十音順に並べないと気が済みませんし，約束の時間の10分前ちょうどに着くようにしています」という部分である。

「要は」があることで，一瞬でポイントが伝わる（なるほど，几帳面なんだ！）。一方，「たとえば」があることで，具体的なイメージが持てる。また「要は」の説得力が高まる（確かにそういうことをする人は几帳面そうだな）。このような説明の仕方をするようにSAたちに指導を徹底すると彼らの話がわかりやすくなりよいロールモデルになる。

「要は」にしても「たとえば」にしても，どのくらい抽象的／具体的であるべきかは，その状況によって違う。それを適切に判断して，抽象と具体の間を軽々と行ったり来たりできるようになるのがいずれ到達したいレベルである。

「要は」と「たとえば」には，使いこなしたい理由がもう1つある。

それは「経験を最大限活かせるようになる」からである。あるところで経験したこと（＝たとえば）から「要は」を引き出し，他の局面で活かすことができる。たとえばバイトで体験したことから「要は」を引き出してクラブ活動で活かすというように，日常生活で経験学習がどんどんおこなわれるようになる。

3 リーダーシップを発揮しながら論理思考を学ぶ

次に，実際にリーダーシップのための論理思考をどう教えるかを見てみよう。

3.1 リーダーシップに使えることを題材にする

まず，なるべくリーダーシップと論理思考を同時に学べるようにしている。「フリーライダーを巻き込むには」という課題を例に説明しよう。BL1でも先にふれた「高校生BL1」というプロジェクトがあるが，チームのうちの１人あるいは複数人がしっかり取り組んでくれないという事態が時々起きる。グループLINEでの呼びかけに反応しない，ミーティングに準備をして来ない，グループワークでほとんど発言しない，いろいろと言い訳をしてミーティングに来ない，といった具合である。このような人たち（フリーライダー）をいかにしてグループワークに巻き込むかという，実際に起きるリーダーシップ上の問題を課題にしているわけである。

課題は①授業外でグループごとに集まって原因のメカニズム（全体像）を考える，②続いて個人で解決策を考える，というように指示される。

まずグループで考えるように指示しているのは「人と関わりながら成果物をまとめる」というリーダーシップのトレーニングのためだ。またメカニズムを考えるのはなかなか難しいので協力し合うことで全体の理解度を高めようという狙いがある。一方，解決策が個人課題になっているのは各人に自分の力で考えてほしいからである。

そのうえで授業においてはまた別のチームを組み直し，考えてきたことを活かしつつ，グループとして「フリーライダーを巻き込むメカニズム」を20分でまとめてもらう。なお，提出課題を考える時のチームは多くの案を出すために4，5人と少し多めだが，この授業内のチームは3人，短時間での合意形成の初歩トレーニングとして少なめにしてある。そして数チームに発表してもらった後，解説に入る。このように論理思考を学ぶ中にもリーダーシップを高めるトレーニングを組み込むと一石二鳥になる。

3.2 自力でやらせてから教える

上記のようにいったん自力でやらせてから教える（解説する）という順序は意図的なものである。論理思考の場合，「実際はできていないのだが言葉にすれば当たり前」なことが多い（目的を押さえる等）。それをいきなり「こういうことが大事である」と教えても「そんなの当たり前じゃないの？」と受け取られる恐れがある。そこで，いったん「普通に」やってもらった後で，論理思考的にやる

相手目線で見ると，色々見えてくる　BL1

やれないと感じてしまう		やりたい！と思えない	
時間的に無理	能力的に無理（と感じる）	チームに愛着を持てない	プロジェクトを行う意味を感じない
ミーティング時間が長い	論理思考がよくわからない	自分が認められていない	別に高校生に教えたくない
時間帯的に厳しい	思っていることを言えない	班員をあまり知らない	論理思考に魅力を感じない
	ミーティングに参加できないので，状況がわからない	暗い、重たい雰囲気	勝負以外は気合いが入らない
	貢献の場が見つからない	突っ走る人に共感できない	リーダーシップは自分には関係ない

図4-2 フリーライダーを巻きこむメカニズム

とどうなるかを解説し，使用前・使用後を比較することで，納得感が高まる。たとえば「フリーライダーを巻き込むには」の課題だと，「相手（＝フリーライダー）目線で考える」ことがポイントになるのだが，あえてそれは提出課題の取り組み前には教えていない。

現実にフリーライダーが発生している状況では相手目線で考えられないことが多い。たとえば「忙しすぎ」「協調性がない」「他のことを優先している」「リーダーシップや論理思考を学ぶ気がない」といった「本人の問題」的な原因ばかりが上がってくる。しかし授業では，ここまでの学習成果からか，教わらなくとも提出課題の段階で「相手目線」がある程度出てくる。たとえば「ミーティング時間が長すぎるので参加できないのでは？」とか「論理思考がよくわからないので発言できないのでは？」といったことである。これらに対しては授業内グループワークや全体での発言・発表の際にほめることで「教わらなくとも考えて自分なりの答えを出す」ことを促進していく。

そのうえで，「相手目線がポイントになる」というレクチャーをおこなう。具体的には**図4-2**のようなスライドを見せながら，「他の人が自分より優秀に見えていると，『貢献の場が見つからない』と感じてしまうこともあるんじゃない？」と展開していく。さらに「やたら突っ走る人がいて共感できないとかなかった？」と聞くと，あちこちにうなずく顔が見られたりする。そこで「こちらからはフリーライダーはさぼっているだけの人に見えがちだけれども，フリーライダー側から見ると「『まったくやりたくないわけじゃないけどムリ』ということもありうる」という話に落とし込む。

3.3 小刻みにヒントをだして考えさせる

レクチャーの間も，小刻みにヒントを出すことで，考えたりリーダーシップを発揮したりする機会を与える。たとえば図4-2のスライドも一気に表示してしまうのではなく『プロジェクトをおこなう意味を感じない』まで出して「もう少し具体的にはどんな理由が考えられるだろうね？」と問いかけて，その下の「論理思考に興味がない」とか「勝負以外は気合いが入らない」といった発言を引き出す。

そして，この原因のメカニズムをヒントにさらに「では，たとえば勝負以外は気合いが入らないという人をどうやって巻き込む？」と問いかけていく。それに対して発言が出てこなければさらに「コンテストにはなっていなくても，自分たちで勝負に仕立ててしまうことはできない？」とヒントを出す。すると「高校生からの授業評価アンケートで競い合う」とか「各チームの作成した授業スライドを集めて投票でコンテストを自主的にやってしまう」といったアイデアが出てくるかもしれないし，出てこなかったとしても，考えることは促進できる。

4 外で使うことで定着させる── 授業外実践

これまで述べてきたように授業の中で実戦的な題材を使い，とりわけリーダーシップに活用できる論理思考を学んでいくが，週に1回90分×14回の授業で定着させることは難しい。そこで授業外実践という課題をおこなっている。これは授業で学んだことを，アルバイト，クラブ活動，学生団体，他の授業，家庭などの授業外で使い，その結果をクラスのSNSに書き込むという課題である。

実戦で使って理解深化と定着を狙う以外にもう1つ，授業外実践の大事な目的がある。それは「取り組むべき課題を自分で見つける」トレーニングである。学生たちはそれまでの人生でほぼいつも，解くべき問題を与えられてきた。しかし社会に出ると課題を自分で「見つける」能力と姿勢が求められる。

学生があげている具体例を少し見てみよう。たとえば，体育会ラグビー部に所属する学生は次のような授業外実践をあげた。

> 私は，クラブ活動でのミーティング時に論理思考を実践した。今までの自分は，日々の練習・試合で何がよかった，何が悪かったかを考えて発表する時に，長々と発言することが多く，結果的に周りがあまり理解できず，ミーティングを終えてしまうことが多かった。
> しかし，先週の試合についてミーティングをしていた時に，「要は」自分のどのようなプレーが悪かったかを最初に伝え，その後に，実際にプレーの映像を見ながら，「たとえば」をあげていった。そのため，自分の頭の中でもしっかり整理され，要点をおさえながら伝えることができ，自分の今後にもしっかり活かすことができた。

まず「要は」を述べ，続いて「たとえば」で説明することは順番を変えるだけとも言えるが，本人の感想にもあるように自分の中でもポイントが整理される。また直接的には書かれていないが，相手にも言いたいことがしっかり伝わる。

次は「目的を押さえる」例である。目的や本質を押さえるというと難しそうに聞こえるが，学生たちは次のように取り組んでいる。

> 遊ぶメンバーだけ決まって，何をするかとか場所が前日まで決まらないことってよくありますよね。その時に目的を押さえるとよいとわかりました。なぜなら，遊びの目的さえ決まれば自動的に場所が絞られ，考えやすくなるからです。たとえば，遊びの目的が「久しぶりに集まるから長い時間お話しする」と決まれば，自動的に時間制限のある食べ放題の場所や，カラオケなどはなくなるはずです！

遊びも立派な論理思考とリーダーシップ発揮の場である。もちろんまじめな場でも役に立つ。

> ただキャプテンやコーチから言われたことを何も考えずに練習をしていては意味がない。「今度の対戦相手は○○な攻め方をしてくるから，それに対応できるように△△の練習をします」と練習の一番最初に練習の目的を押さえることによって，メンバー一人ひとりが考えて練習するようになってきている。また効率的な練習ができるようになった。

このように「何のためにやるのか」を考えることが習慣づけられると，社会に出てからも指示を待っているばかりでなく自分から臨機応変に動けるようになる。権限なきリーダーシップを発揮するうえで大事なポイントである。

さて，こういった授業外実践の共有は，SNS上だけでなく，授業時間内にもおこなわれる。3，4人のグループでおこなうのだが，それも少しずつレベルをあげていく。たとえば最初は単にやってきたことをお互いに話すだけなのが，次は事前に読んできて「ここがいい！ こういうふうに応用できそう」というディスカッションをする。授業外実践から「要は」を引き出しているわけである。さらに進んでいくと「その授業外実践から，どのような場面で論理思考は特に使えるのか？ を引き出してみよう」となる。

次はメカニズム思考の例である。学生たちはメカニズムをつかむことが一番難しいというが，やってみるとけっこう出てくる。苦戦している人もクラスメートのものを見ているうちにつかめてくる。

> 今でも仲よくしている高校の友だちグループがあり，キャンプや旅行をしています。しかし毎回，仕切っている人がなにをしたいかLINEで問いかけても反応が遅く，なかなか決まりません。今回自分が企画係ということで論理思考を使ってみました。
> 目的は「いつもよりスムーズにみんなの意見を反映させる」です。まず反応が遅い原因を次の2つだと考えました。
> 　①「『だれかが反応する』と思っている」
> 　②「回答期限を決めてない」
> ①は「10人もいるから自分が答えなくてもだれか答えるだろう」と考えている，ということです。これの改善策として必ず1人1つは意見を出すように，と言いました。そしてもう1つの改善策として「なんでもいい」を禁止しました。（中略）……そうすることではじめて全員の意見を聞くことができました。

次の例もメカニズムの考え方を使っている。

> 私はスターバックスでバイトをしているのですが，もうすぐ新商品が出るのでそれに関する知識を勉強していました。そこで，新しいドリンクの作り方を覚えるために論理思考を使いました。
> 目的を「新しいドリンクの作り方を覚える」とし，「他のドリンクとの違いを探す」という方法を考えました。他のドリンクとの違いを考えながら作ることで，覚えやすくなりました。またその他のドリンクの作り方も改めて復習できるというメリットも生まれました。そのおかげで覚え方を思いつくことができ，それをみんなに提案してみた結果「覚えやすい」という反応をもらえました。

このように考えたことを周りと共有することもリーダーシップ行動といえる。なお，授業において，グループで共有する他に，こちらが紹介したいものを取りあげてクラス全体に共有している。これには2つの目的がある。1つは「こういうやり方もある」と受講生に知らせるためである。もう1つには，「取りあげられた！」ことでよい授業外実践をやっている人のモチベーションが上がることを狙っている。興味深いのは，いわゆる授業の課題的なものと授業外の実践では選ばれる人がしばしば違うということだ。また授業外実践は，授業の課題と違って受講生が自分で使う局面を選んでいるので，その人の特徴が出てくるのも興味深いところである。

5 舞台に上がる
──400名の大学生が300名の高校生に論理思考を教える

BL1にはBL0のようなビジネスコンテスト型のプロジェクトはないが，前述の高校生BL1（対外的には『立教経営1day Passport』）がコースの集大成となる。2017年度は300名を超える高校生が集まったので，各チームで3，4名の高校生が受講するようになり，運営スタッフも合わせると総勢800名近い大きなイベントとなった。

このような大きなイベントはBLPがいろいろな意味で恵まれた環境にあるからできることだが，そこに含まれる考え方や手法は参考になると思われるので取りあげてみたい。第1章で取りあげた経験型リーダーシップ教育の基本設計にしたがって説明していく。

5.1 集団としての挑戦を作る
──立教大学経営学部への評価を左右するプロジェクト

高校生たちの立教大学経営学部に対する評価を左右する「真剣勝負」であることは第3章で述べた通りである。受講生たちはこの授業に向けて1か月以上かけて準備をおこなう。BL1の授業としても14回中4回を準備と当日の運営にかけるので，相当な割合を占める。しかしそれだけの期間をかけても，学んだばかりの論理思考を自分たちで実戦課題や解答例まで作って教えるのは容易ではない。しかも，選ばれた人だけでなく，全員，全チームである。したがってこれは受講生にとっても，運営する側にとっても挑戦になる。

5.2 挑戦に本気にさせる――イメージを描けるようにする

上記のことだけで本気になる受講生も少なからずいるが，なにしろ未体験の領域なのでなかなかピンとこない受講生も少なくない。そこで挑戦に本気になるようにいろいろな手を打つ。たとえば高校生の時に，このイベントに来場したことのある受講生にクラスで感想を話してもらう。その時に授業をしていた先輩たちの姿にあこがれて入学してきた学生もいるので，彼らに話してもらうことで少し実感がわいてくる。

また，前年度の高校生の感想を紹介する。たとえば「充実した非常に刺激的な時間だった」「先輩方の授業やガイダンス，アイスブレイクなどその一つひとつが新鮮で，充実した時間になりました」「偏差値では測れない魅力を感じられた」といった感想を見ると，また少し気持ちが盛り上がってくる。SAたちも昨年度受講生として高校生に教えた感想を話す。さらには，この300人以上の高校生たちを集客している上級生たちから，なぜ彼らがそんなことをやっているのかを伝える。そういったことをBL1開始時から積み重ねて，徐々に受講生の本気度を高めていく。

5.3 リーダーシップ発揮の必要性を組み込む

これだけ大変なことであるから，リーダーシップ発揮の必要性はプロジェクト内でも大いにあるのだが，2017年度は新たな仕組みを2つ入れた。1つは，「役割分担のススメ」だ。学生たちは，なんでも全員で一緒にやろうとする傾向がある。しかし，本当は2人くらいでできることも多い。そこでチーム内を2つのチームに分けたり各人別の役割を担ったりすれば，スピードが上げられる。またこれにより一人ひとりの責任が大きくなるので，真剣に考え，自分ならではのリーダーシップを発揮できる可能性が高まる。そして役割をうまく分割しようと考える時に論理思考力が鍛えられる。

もう1つは高校生の学び方を変えた。以前はガイダンスで先にリーダーシップについて説明していたのだが，今年はごく簡単なレクチャーをしただけで「大学生による論理思考の授業を受けながら，大学生が発揮しているリーダーシップの例を見つけてみよう」と指示した。後で振り返りの時にそれを共有するためだ。このため大学生たちは，いろいろなリーダーシップ行動を大学生の言動の中から高校生が見つけられるような授業展開をする必要がある。と同時に高校生のリーダーシップを引き出すことも求められているので，リーダーシップ三昧な時間になる。

5.4 個人のリーダーシップ目標を設定させる

個人のリーダーシップ目標はBL1の初期の段階で設定しているので，その目標に向けて行動していく。ただしチームのメンバーのタイプやチームの状況によっては，リーダーシップ目標を変更した方がよい場合もある。ちょうどプロジェクトがスタートして少ししたところでリーダーシップ目標の中間レビュー時期が来るのでそこで見直し，必要があれば変える。

5.5 サポートする——一番サポートするべきは何か

要求レベルの高いプロジェクトなので，当然サポートが必要になるのだが，ここで2つの要因からジレンマが起きる。1つ目の要因は，「リーダーシップの授業＝自分で動くこと」を学んでほしい時にどれだけこちらから手を差し伸べるかである。これはBL1に限らずリーダーシップの経験学習型授業では常にある問題だ。2つ目の要因は，自分で考える力をつける科目であることだ。こちらが充実したマニュアルを用意したり，はじめてのことだからと片っ端から教えていては，考える力など身につかない授業になってしまう。

そこで，

- 質問で考えさせながらガイドしたうえで
- やるべきことが見えてきた後は任せる

というやり方を採用する。

たとえばあるチームが「弱小部活を強くする」という事例を使って高校生に「論理思考」を教えようと考えていたとする。ありがちなのは，ありきたりの策しか出ないので困っているという事態である。そこでチーム面談の中でサポートしながら考えさせる。たとえば「きみらの解決策は，どうやってやる気を高めるかということになっているのだけど，それだけでいいの？」と投げかける。もし追加の考えが出てこない場合は，「進歩＝才能×○○×やる気（努力量）だとすると，○○には何が入るだろう？」と聞いてみる。すると「正しい練習法」などの答えが返ってくる。そこで「そうだよね，才能は変えられないとしても，正しい練習法と，努力量の両方がいじれるのに，練習方法については考えないのはもったいないよね」と返す。そして，「もし正しい練習法が2つのパートからなるとすると，何と何だと思う？」と投げかける。これもやりとりをしながら，たとえば「正しい練習法＝レベルに合った方法×科学的（＝メカニズムを押さえた方法）」というところまで持っていく。あとは，科学的な方法で初心者を急速に進歩させる方法をちょっと紹介して，それ以外のものを自分たちで探すように話す。

こうして，高校生が「なるほど！」といいそうな具体策がいくつも出てきたところで，これらをメカニズムの形に整理するように話し，展開の仕方を教えて，後は受講生に任せる。

5.6 振り返り――論理思考を経てどう変わったか

高校生BL1が終わると，この授業も終わりに向かう。チームのプロセスを振り返り，お互いにフィードバックをし合うのはBL0と同様である。ただし，スキル習得のためのクラスであるために2つの点でBL0と異なる。1つは，論理思考を学んだことで自分のリーダーシップ行動がどう変わるかを考えてみることだ。具体的にはBL0のテーマに同じチームで取り組むとしたら，プラン面と対人面でどう変えるかを考える。

もう1つは，論理思考によって自分のリーダーシップがどうパワーアップされるのか，授業外実践を振り返って改めて考えることである。これらにより，論理思考力をさらに高めるモチベーションが上がると共に，特に何に留意してトレーニングを積んでいくとよいのか，またどんな局面で論理思考を強く意識するとよいのかが見えてくる。

以上，論理思考を例に，知識・スキルを強化する方法をみてきた。ポイントとなるのは，その知識・スキルが「リーダーシップにどう役立つのか」を具体的に伝えることと，学習課題の中でリーダーシップの発揮を促すようなテーマを組み込むことである。たとえば統計学ならば，統計を理解していることで，調査の設計や結果の読み取りにおいて知識のない人が陥りがちなミスを避け，実効性の高いデータの取得と的確な解釈をおこなえる。このことがチームにとって大きな貢献になることを，チーム学習で学ぶことが考えられる。

なお，「論理思考」が出てきたところで読者の中にはあらためて，「やはりリーダーシップを発揮するのは，かなり高い能力がある人だけなのではないか」という疑問が再燃しているかもしれない。あるいは「リーダーシップを発揮できればそれに越したことはないが，これまで紹介された方法でうちの生徒・学生たちが学べるのか自信がない」と感じているかもしれない。その場合は，次の第5章，第6章に進む前に，第7章を読んでいただきたい。「だれもが発揮できるリーダーシップの身につけ方」について述べている。

第5章 「自分らしい」リーダーシップを育てるには

リーダーシップ発揮に「自己理解」を役立てる

石川 淳・高橋俊之

動機づけ
基礎理解
倫理性・市民性
自己理解
専門知識・スキル
リーダーシップ行動
リーダーシップ

前章の「知識・スキル」に続き，本章では，リーダーシップを発揮するために必要な要素である「自己理解」の深め方についてみていく。また自己理解をどのように自分らしいリーダーシップの発揮につなげるかも述べる。その中では第2章でふれた「リーダーシップ持論」をどのように鍛えていくかについてもふれる。

1 自分らしいリーダーシップを育てる意味

高橋俊之

第3章で紹介した立教大学経営学部BLPのSA2人のインタビューを思い起こしてみよう。山本元気さんは「チーム全員の力を引き出すこと」が自分のリーダーシップだと話していた。グループの中で意見があっても言い出せないでいる人に声をかけたり，言いたいことが伝わりにくい人の話を「それってこういうことだよね？」と言い換えてあげたりすることで，全員の持っているものを引き出していこうというのが，「山本さんらしいリーダーシップ」ということだろう。

一方，大木郁歩さんはどちらかといえば話すことは得意ではない。それよりも論理思考を使って解決案を考えたり，みんなのアイデアを整理することでチームに貢献してきた。そしてSAになり,「前に立つタイプ」ではない自分がSAをやっている姿を見せることで,「だれもがリーダーシップを発揮できる」ということを,後輩たちに示そうとしている。これもまた,大木さんなりの「自分らしいリーダーシップ」である。

2人の例からもわかるように,自分らしいリーダーシップを育てることにはとても意味がある。これまで,リーダーシップの研究者によって,変革型リーダーシップやサーバント・リーダーシップなど,さまざまなリーダーシップの形が定義されてきたが,現代では,それらの定型的なリーダーシップを発揮しようと意識するよりも,一人ひとりが,みずからの強みをリーダーシップとして発揮する方が,効果が大きいことがわかってきている。それが1章でも紹介した「パーソナリティ・ベース・リーダーシップ」である。また「オーセンティック・リーダーシップ」では,「自分らしい・ならでは」の自分でいることがリーダーシップを発揮するうえで重要な要素としてあげられている[※1]。

自分らしいリーダーシップを発揮することは個人にも効用が大きい。強みを活かすことで成果を期待できることはすでに述べたが,好きな領域ややり方であれば,それだけ楽しく取り組める。楽しいと感じていれば「どうしたらこの難関を突破できるか」とか「次は何に挑戦しようか」と進んで考えるようになり,その点でも成果が上がりやすくなるだろう。そして,本人のビジョンや美学・ポリシーと重なることは,大きなやりがいをもたらす。苦しい局面が来て一時的に楽しさを感じなくなったり自信を失ったりしても,とにかくやり続けようと思えるだろう。

このように「自分らしいリーダーシップ」を発揮することの効用は大きいわけだが,それを効果的に発揮できるようになるためには,2つのことが必要になる。1つは,自分を知ることである。そしてもう1つは,リーダーシップ持論を鍛えることである。順番にみていこう。

※1 さまざまなリーダーシップの形については「実践編」第1章でも述べたが,さらに詳しい解説は「研究編」第1章にある。

2 自分を知る

高橋俊之

2.1「自分らしさ」の3要素

まず，次の3つの要素が備わっているほど「自分らしいリーダーシップ」になると言えるだろう。

①自分の好きなことを，好きなやり方でやれている（want，like）
②自分の強みを活かしている（can）
③自分のビジョンや美学・ポリシーとつながっている（should）

①の「好きなやり方」とはたとえば，大きな組織を動かすのが好きとか，かなり柔軟で臨機応変にやれるのが好きというようなことだ。②の「強み」は，一見強みとは思えないようなものが実は強み（の素）になりうる（詳しくは後で述べる）。③のビジョンや美学・ポリシーは①の「好き」と似ているが，この「好き」は，「楽しい」「気持ちいい」といった快感寄り（want，like）のことを指し，ビジョンや美学・ポリシーとは「こうあるべき」（should）を指している。ただしこの「こうあるべき」は世間一般のものではなく，その人が考える「こうあるべき」を指している。たとえば「全員がいきいきとしているべき」と強く思っている人は，そういう方向にリーダーシップを発揮するだろう。

2.2 自分を出してよいと思える場を作る

自分を知るためには，自己分析するだけでなく，他者の力を借りることが役立つ。何らかの他者評価を受けた人ならわかると思うが，自分が考えている自分と，他者が見た自分には，往々にして違いがある。

ここで1つ問題になるのが，ある程度自分の素（す）の部分を出していないと，周りの人たちに見える自分が限られてしまうことである。しかし，日本人は自分らしさや自分を出すことをためらう傾向がある。そこで「自分を出していいんだ」「画一的な『模範型』でなくともいいんだ」と感じられるようにすることが重要になる。そうして自己開示をできるようになることは当然，自分を知るためだけでなく，自分らしいリーダーシップを発揮する時にも役立つ。

このような自己開示を促進するため立教大学経営学部BLPのカリキュラムには，次の3つの要素が頻繁に組み込まれている。

①アイスブレイク
②ロールモデル
③受け入れる

序章で紹介した2017年度ウェルカムキャンプで見てみよう。

①アイスブレイク

アイスブレイクをうまく活用すると，自己開示を促進することができる。新入生の初顔合わせの場でもあるウェルカムキャンプでは，アイスブレイクが3回おこなわれた。最初は，グループ対抗の単純なクイズ，2回目は自己紹介し合った2人が「セルフィー」で写真を撮る「2shot game」と少しずつ親密度を上げていく。そして2日目，自分自身の経験について話すグループワークの前に使われたのは「ジェスチャーゲーム」だった（**写真下**）。それまでのアイスブレイクに比べて，体全体を使って表現するジェスチャーは難易度が高い。特に，お題が「ボウリング」→「フェンシング」→「納豆」→「イエス・キリスト」→「富士山」と，だんだん表現力が求められるようになっていくと，恥ずかしさも高まってくる。しかし，みんなでやれば怖くない！ 会場全体がドタバタやっているので，その場の勢い

恥ずかしさを乗り越えて，ジェスチャーに挑戦する新入生たち

でいろいろなジェスチャーに挑戦して大笑いしたり，「当たった！」と大喜びしたりしているうちに，「お互いに協力し合っている仲間だ」という意識や，「よい結果を出すために思いきってやっても恥ずかしくない」という空気が生まれてくる。

②ロールモデル

ロールモデルには「成功した人」というイメージがあるが，学生の自己開示を促進するためには，成功体験だけでなく，失敗談やぶつかった壁に注目させることが重要である。ウェルカムキャンプでは，２人の上級生が自分たちの過去１年間について語った。

１人は入学当初「ただただ遊びたい」と思っていたことや，途中で「がんばろう」と決めた後もグループの一部の人とだけワークをやっていて中間発表では最下位になってしまったことを話した。もう１人は，春先に体調を崩してつまずいたことや，みんながグループワークに長い時間をかけてがんばっていることに「なんでそんなにがんばるの？」と違和感を覚えていたことも話した。もちろん，その後２人ともやるべきことをしっかりがんばって結果につなげているのだが，本音やかっこ悪いところもオープンにしているので，新入生たちも，「自分も思っていることを出してみよう」という気持ちを持つようになる。実際，その後のグループワークでは「自分は第一志望の大学に落ちて立教に来た……」「小さいころいじめられた経験があって……」と，初対面では話しにくいような話題も出てくるようになった。

③受け入れる

自己開示が実際に始まったら，その発言に対して，だれが，どんな反応をするかが，とても大切になる。ウェルカムキャンプの場合は各チームに先輩がメンターとして入って聞き役のお手本を見せた。そのポイントは受講生が「思っていることを話しても大丈夫だ」と思えるように聞くこと。たとえば第一志望ではなかったのでまだ気落ちしている人がそう話したら「新入生が盛り上がっている場だからと遠慮せず，思っていることを話したのがいいね」，と伝える。そうして自分を出せる雰囲気を少しずつ作っていく（すぐできるわけではないが）。

2.3 自分らしさの見つけ方

ある程度，自己開示ができるようになったとして，自分らしさはどう見つけていくのか。ここでもBLPでのやり方を例に説明していく。

2.3.1 PBL型クラスで見つける

PBL型のクラスでは，大きく分けて

①自分自身の挑戦
②周りからのフィードバック

の2つによって，自分らしさを見つけるトレーニングをおこなっている。

「自分自身の挑戦」は，プロジェクトに取り組む際に，「今期は口火を切る役をやろう」とか，「今期は他の人のよいところを引き出そう」というリーダーシップ目標を立て，それを実践していく中で，とりわけよくできたり，やっていて楽しいと感じたりしたものを「自分らしいリーダーシップ」と捉えていく方法である。肝心なのは目標が「挑戦的」かつ「具体的」であること。それによって，最初はおとなしかった学生が別の自分に目覚め，1年後にはSAとして後輩の前で堂々とレクチャーしているといったことも起きる。

もう1つは，「周りからのフィードバック」でつかむパターンである。フィードバックには，本人には見えていない強みに気づかせる意味もある。本人は特にリーダーシップとは思っていなかった言動が，周りからとても感謝されていたということも珍しくない。たとえばディスカッションをしていて何の話をしているのかわからなくなった時に「わからない！」とはっきり口に出すのはその例だろう。本人は助けを求めただけのつもりでも，実は議論がかみ合っていなかったり，話が逸れてしまったりしていることに，みんなをたびたび気づかせることになることがある。また，発言者同様に，本当に話がわからなくなっていた人にも感謝される。そういったことは，フィードバックで「あの時，わからないって言ってくれて助かった」と言われてはじめて「それは自分にしかできない役割かも」と気づくことが多い。言い換えると，フィードバックは本人が気づいていない可能性に気づいて教えてあげたり，ここが改善されれば本人のよさが活かされるというところを教えてあげるような使い方ができるとベストである。

2.3.2 自己分析をおこなうクラスで見つける

一方，自己分析を直接おこなうやり方もある。ここではBLPのBL3-Cという選択科目でおこなっている方法を紹介する。この科目は本来「実践で学ぶ論理思考」という内容で，先に紹介したBL1の上位クラスにあたる。つまり，論理思考を学ぶ題材の1つとして自己分析を使うというように，論理思考力強化と自己分析の一石二鳥を狙っている（さらに言えば，学生の関心が高いテーマを使うことで本気度を高めるという一石三鳥を狙っている）。このためもあってか，負荷の大きい科目ながらBL3-Cを受講したいという学生は学部の4分の1を超えている。

BL3-Cの中では，次の2つの方法で自己分析をおこなっている。

①「インパクト体験棚卸し」（強み，応援したい人たち，社会への想い）
②「ハイ体験棚卸し」（好きなこと，好きなやり方）

「インパクト体験棚卸し」は，自分の過去を振り返って，自分に大きな影響を与えた体験から「自分の強み」「応援したい人たち」「社会への想い」といった，いわば「キャリアビジョンの素（もと）」を引き出すワークである。

一方「ハイ体験棚卸し」は，「とても楽しかったこと」や「はまったこと」といった過去の体験を振り返って，自分がどういうことに夢中になってしまうのか，どういう時に楽しくやれるのかといった，「好き」を引き出すワークである。

両方の手法に共通するのは「過去」，つまり本人が実際に体験したことから，自己分析を試みることである。人はしばしばあこがれや世間の評価に影響される。たとえば「コンサルタントになりたい」と言っている人で本当にその仕事に没頭できる人は限られる。しかし「他人の問題でもすぐ首を突っ込んで解決しようとしていた」という体験を持っている人はその可能性が高い。

CaseStudy
「インパクト体験棚卸し」

「インパクト体験棚卸し」について具体的に見てみよう。

1 振り返り年表の作成

このワークでは，自分の過去を振り返って，自分にとってインパクトの大きかった体験をリストアップしていく（**図5-1**）。

そして，そこから，特に大きな体験を拾い出し（□で囲われているもの），「自分の強み」「応援したい人たち」「社会への想い」を引き出していく（**図5-2**）。この根底にあるのは「未来の根は過去にある」という仮説である。

2「インパクト体験棚卸し」

過去の体験の棚卸しはいろいろな目的のワークでおこなわれるが，「インパクト体験棚卸し」で特徴的なことは次の3つである。

- 「社会への想い」と「応援したい人たち」を引き出す
- 成功体験だけでなく，ネガティブな体験にも注目する
- グループワークも使用する

3「社会への想い」と「応援したい人たち」を引き出す

授業の中でこのワークはキャリアビジョンにつなげることを目的としている。したがって，最終的には職業についても知る必要があるが，「インパクト体験棚卸し」ではその部分ではなく「何のため」「だれのため」を引き出す。体験から引き出すことで，単なるあこがれや借り物の価値観ではなく，自分に根ざしたものが出やすくなる。

たとえば子どもの頃にぜんそくで学校をよく休んだりしていた人は，このインパクト体験から「病気や怪我で普通の人と同じことができない人たち」を応援したいと考えるかもしれない。また「病気や怪我で学校を休んでも取り残されないような社会」を作りたいと考えるかもしれない。

多くの人が応援したい人たちとしてあげているのは「過去の自分のような人たち」や「自分を支えてくれた人のような人たち」である。

4 成功体験だけでなく，ネガティブな体験にも注目する

やりはじめて学生たちが驚くのは，成功体験だけでなく，ネガティブな体験にも注目することである。これは実はネガティブな体験が自分を知るうえで非常に役立つからである。

まず，ネガティブ体験からは強みが引き出せる。たとえば「病気に悩まされた」という体験から，「その病気の人の気持ちやニーズがわかる」といった「自分の強み」を引き出せる。また「いじめをする側だった」といった後ろめたい体験でも，「いじめをする子どもの心理がわかるので，ただいじめを非難することよりも効果のある対処ができる」といった強みが引き出しうる。こういった「解釈」を引き出す作業は，BL3-Cの授業目的である論理思考のトレーニングとしても効果的である。

また，ネガティブなインパクト体験はしばしば，その人の社会に対するビジョンの素（もと）になる。「ビジョンなんて大それたものを自分は持っていない」と思われがちだが，インパクト体験の棚卸しから出てきた「こんな社会を作りたい」という想いは，いずれもビジョンである（**図5-3**）。もちろん成功体験からも作りたい社会は出てくる。しかしネガティブな

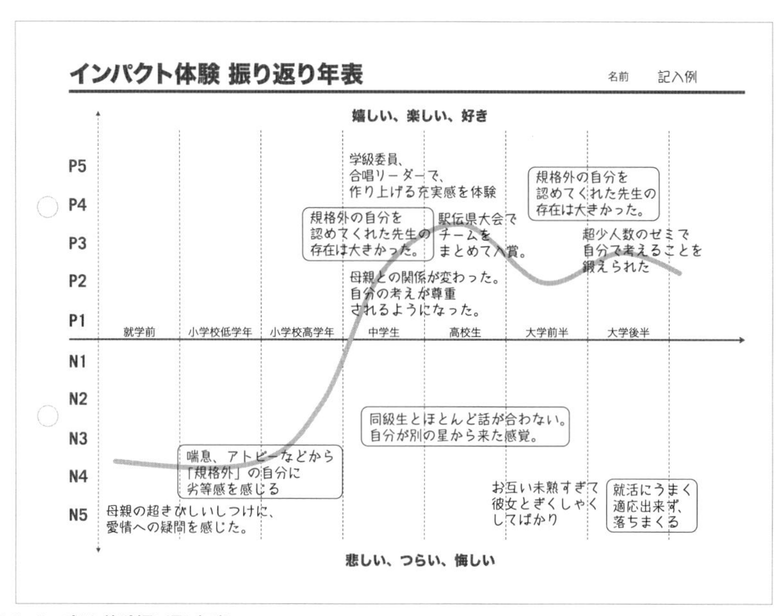

図5-1 インパクト体験振り返り年表

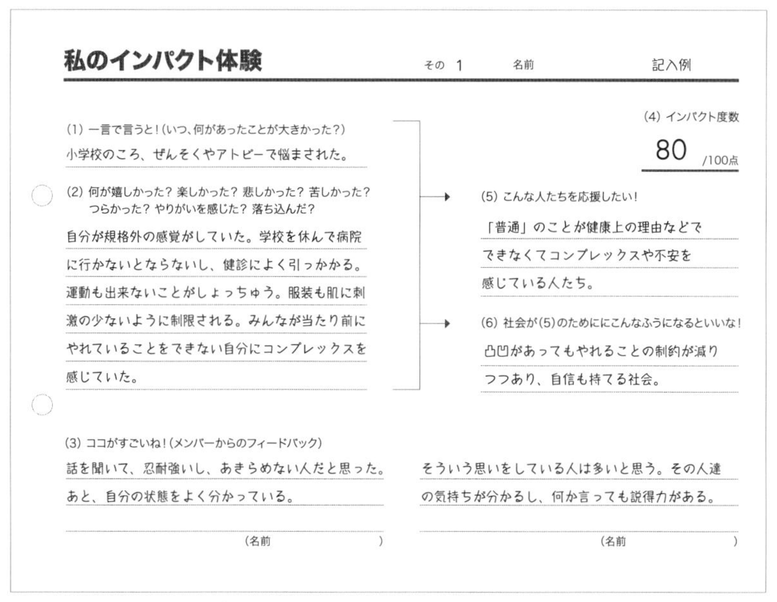

図5-2 インパクト体験から解釈を引き出す

インパクト体験		社会への想い
思春期のニキビがひどかった。こんな自分を周りが受け入れてくれるのか不安だった（実際はみんな受け入れてくれた）。	▶	外見でコンプレックスや不安を持たない社会にしたい。
ノリで任された学級委員，まったくしたがってくれないクラスメートに戸惑いつつ，みずから動くことの大切さを知った。	▶	多くの子がリーダー体験をできる社会にしたい。両方の立場を体験すれば人の気持ちもわかるかも。
父親の仕事のストレスで親のケンカが絶えないことがつらかった。	▶	人が過剰なストレス下に置かれない社会，子どもが安心できる社会にしたい。
自分のミスで大事な試合に負けたが誰も責めなかった。	▶	失敗に寛大な社会，敗者復活戦のある社会にしたい。

図 5-3 インパクト体験と社会への想い

インパクト体験には，社会の満たされていないニーズが示されていることが多いのでビジョンを生みやすい。

5 仲間とワークに取り組む

インパクト体験ワークの効果は，チームで取り組むことによってさらに高まる。複数の人に関わってもらった方が多くのことが見えてくるからである。先述のように本人はそれが「自分の強み」であることに気がつかないことも珍しくない。たとえば整理整頓が得意な人は，これをできて当たり前のことだと思っている。それを強みだと指摘できるのは，整理整頓ができない人である。また，他の人のインパクト体験を見ていると，自分との違いから自分のことがまた見えてくるという効果もある。さらに言えば自分とは違う人たちのことをより理解できるようにもなり，これらはリーダーシップを発揮するうえで非常に役に立つスキルとなる。

6「インパクト体験棚卸し」実施の注意点

「インパクト体験棚卸し」は，その性格上，かなりプライベートな内容を扱うことになる。したがって実施のためには，プライバシーと安全に十分注意をする必要がある。具体的には次のような点である。

①守秘義務厳守
②自己開示は必要だが無理をしない
③現在進行中のネガティブ体験は棚卸しをできる自信がない限り出さない
④安心できる集団で実施する

守秘義務と，無理をしないことについては説明するまでもないだろう。現在進行中のネガティブ体験とは，たとえば親が離婚裁判中であるといったことである。決着がついていないことについては，感情が動きすぎて落ち着いて話すことが難しくなりがちであり，グループとしても扱いきれない恐れがあるので，本人が冷静に扱える自信がない限り対象外とする。

安心できる集団で実施できるかどうかはこ

のワークの成果に大きく影響を与える。そこで，「インパクト体験棚卸し」に入る前に，お互いに自分を出せるようにしておく。先に述べたアイスブレイクも有効であるが，BL3Cの場合は，授業内容そのものが，自己開示やお互いの関わりを徐々に進めるように設計されている。

たとえば「インパクト体験棚卸し」の少し前に，「私のオススメ」という説得のトレーニング課題が出る。この課題では「多くの人が一応知っているけれども，やっている人の比率は低いもの」を選んでクラスメートに勧める文章を書く。つまり，他の人が知っていながらやっていないことをやっている，少数派の自分を開示することが求められる。たとえば女子学生がプロレス観戦のオススメを書いて「へぇ〜，おもしろいんだね」と言われ，どうしたらもっと魅力を伝えられるかを一緒に考えてもらううちに，自己開示へのハードルが下がってくるといったことがある。最初はドキドキして書いた「本音」でみんなが盛り上がるという体験を積むわけだ。

こうして「インパクト体験の棚卸し」を経ると，学生たちのつながりは普通の友だち関係を超えた深いものになる。

CaseStudy
「ハイ体験棚卸し」

次に「ハイ体験棚卸し」である。

「強みがなかなか見つからない」という人たちと同様に「やりたいこと（好きなこと）が見つからない」という人も多い。ところが，「過去にやって楽しかったこと」「過去にはまってしまったこと」を探ってみると，好きなことや好きなやり方がしばしば見えてくる。これを「ハイ体験棚卸し」と呼んでいる。

1 ハイ体験をリストアップする

まずは自分の日常や過去を振り返って，次のような体験をリストアップする。

〈ハイ体験例〉

- クラスのデジタルアルバムを作ったこと。課題がまだできていなかったのに，なんかやめられなくて凝ったものを作ってしまった。みんなに喜んでもらえてうれしかった
- 学校内の合唱コンクールで，一人ひとりはそんなにうまいわけでもないのに，練習を重ねて息が合うとすごくいいハーモニーが生まれるのに背中がぞくっとした
- 旅行となると，徹底的に準備をしてしまう。旅行そのものも楽しいが，調べたり計画を立てたりしている時間が楽しい
- 塾講師で工夫をしたら，勉強の嫌いだった子が「おもしろくなってきた」と言い出して，成績も上がったこと

このように「寝食を忘れて没頭してしまったこと」「コストパフォーマンスが悪くとも思わずやってしまうこと」「とても楽しかったこと」「気持ちよかったこと」などを，バイトや趣味，さらには昔の学校時代などからも思い出してみる。単に消費者モードで楽しいことではなく，何かを生み出しているものをあげるようにすると，リーダーシップやキャリアにおいて「やりたいこと」につながる可能性が上がる。たとえば「おいしいものを食べている時はこの上なく幸せ」というのは消費者モードである。一方，「おいしいものを食べる会を企画することには労を惜しまない」であれば「企画」を生み出していることになり，リーダーシップやキャリアとつながる可能性がある。

2 ハイ体験から好きなことを抽出する

ハイ体験そのままでは,「でも, 合唱を仕事にできるわけじゃないし, 旅行も趣味にとどめておきたいし……」となってしまいがちである。そこで一段抽象度を上げて解釈を引き出すことが必要になる。たとえば,「合唱で練習を重ねた結果すごくいいハーモニーが生まれることに背中がぞくっとした」というところから「1人ではできないことを人と協働して生み出すのが好きなのかもしれない」という解釈が引き出せるかもしれない。

旅行について出した「調べたり計画を立てている時間が楽しい」というのは, 他のことでも調べたり計画を立てて楽しかったことがあるかどうかを探す。それが複数出てくるようなら,「調べること」そして「計画すること」は自分の好きなことである可能性が高い。

そんなふうに解釈を進めていくと, 自分のやりたいことのパーツが見えてくる。たとえば「人前で話すこと」「競争すること」「人やものなどの素材を活かすこと」「新しいものにふれること」「整理すること」「美にふれること」「オリジナルを作ること」「問題を解決すること」「人をリラックスさせること」というようにだ。

CaseStudy

こうしてインパクト体験とハイ体験を棚卸しして自己分析をおこなううちに,「自分」がある程度見えてくる。自分は新しいことに取り組むのが好きで得意, 自分は粛々と日々安定した状態を保つのが好き, 自分は失敗を許容する雰囲気作りをしたい, 自分は置いてきぼりになる人がいないようにしたい, 自分は熱い場を作るのが好きだし得意, 自分はそういうリーダーをサポートするのが好き, という具合である。これらをもとに自分らしいリーダーシップ, 自分の強みを活かしたリーダーシップを考え, 発揮できるようにしていく。

3 自分らしいリーダーシップを発揮するために リーダーシップ持論を鍛える

石川 淳

3.1 リーダーシップ持論とは

さて,「自分らしいリーダーシップ」を発見できたとしても, それを効果的に発揮していくには一段高いステージに上がらなければならない。そのために必要なのが「リーダーシップ持論を鍛える」ことである。

リーダーシップ持論とは，効果的なリーダーシップに関する自分なりの信念である。たとえば，「効果的なリーダーシップを発揮するためには，周りが奮い立つような魅力的なビジョンを掲げることが必要である」といった持論がある人がいるかもしれない。一方，「各メンバーに寄り添うことが大事である」という持論を持っている人もいるだろう。また，「急いでいる場合は自分の主張を通すが，時間的なゆとりがある場合は，フォロワーの意見を重視する」などのように，場面に応じた持論がある人もいるだろう。持論はそれぞれの学びや経験によって違ってくるので，まったく同じものは存在しない。

3.2 リーダーシップ持論はなぜ有効なのか

これらの「リーダーシップ持論」は，本人が置かれている環境要因に依存しており，自分で作ってきたものなので，使いこなしやすく，応用しやすいという特徴がある。

有名なリーダーシップ理論やツールを学んだが，自分のものになっていないので使いこなせないという問題とは真逆にあるものだ。

ここでもう一度，SAの山本元気さんのインタビューを振り返ってみよう。

山本さんは，やる気満々で望んだBL0で，「1人でがんばりすぎて，チームとして結果を出せなかった」。一方で「自分は前に出るタイプではないがみんなの力を引き出せるタイプかもしれない」と気がついた。そこでBL1では，自分のパワーを「みんなの力を引き出すこと」に向けることにして結果を出せた。山本さんにとって，BL0が「自分らしいリーダーシップ」を発見する場であり，BL1でそれを「持論化した」と言える。この持論は自分の経験に基づいて導き出したものであり，立教大学経営学部のBLPという環境要因にも依存している。自分のものとなっているので，BLP以外の授業やバイト先，サークルなどでも応用が利く。山本さんにとって，どんなに有名なリーダーシップ理論よりも，自身の持つ「みんなの力を引き出す」という「持論」の方が，はるかに効果的で強い行動指針となりえるのである。

持論にはそれ自体が優れていることの他に，自信につながるという効用もある。ちょうど優れたサッカー選手が「こういう状況まで持ちこめば自分はかなりの確率でシュートを決められる」と経験に基づいて自信を持ち，自信を持っているからこそ落ち着いてプレーできるのでゴール確率も高まるようなことと似ているかもしれない。実際，リーダーシップに関して真に自信のある人は，そのような自信が無い人に比べて，効果的なリーダーシップを発揮することが明らかにされている※2。単なる強がりとか，うわべだけの自信ではなく，心のそこからの自信から導き出される信念にしたがってリーダーシップを発揮した方が，フォロワーの心へ訴える力が大きくなるのであろう。

3.3 持論を形成するもの

より優れたリーダーシップ持論を作るためには，どのようなものがリーダーシップ持論を形成するかを知っておくことが役に立つので簡単に見ておこう。

リーダーシップ持論はまず，みずからの経験がベースになっていることは言うまでもない。仕事に限らず，あらゆるリーダーシップに関する経験が持論を作り上げる。成功体験だけでなく失敗体験からも人は学ぶ。

持論はまた，他者の経験からも作られる。たとえば自分の上司が，若手を相手にやや強引なリーダーシップを発揮しようとしてうまくいかなかったのを見て，「若い人には，無理矢理引っ張ろうとするのではなく，寄り添う方がよさそうだ」と考えるといったようなことである。書籍や講演等から影響を受けることもここに含まれる。

持論は，行動の結果だけでなく，環境要因に対する認知にも基づいている。た

※2 Kok-Yee, N., Soon, A. & Kim-Yin, C. (2008) Personality and leader effectiveness: A moderated mediation model of leadership self-efficacy, job demands, and job autonomy. *Journal of Applied Psychology*. Vol.93 No.4 pp.733-743.
Paglis, L. L. & Green, S. G. (2002) Leadership self-efficacy and managers' motivation for leading change. *Journal of Organizational Behavior*. Vol.23 No.2 pp.215-235.

とえば「部下の能力が高くて仕事の緊急性が低い場合は，できるだけ部下に任せた方がよいが，部下の能力がそれほど高くない場合や緊急性が高い場合は，細かく指示を出して指示通りに動いてもらった方がよい」といった持論は環境要因を反映したものである。

持論形成に影響を及ぼすものには，環境要因だけでなく，本人に帰属する個人要因に対する認知も含まれる。本人の性格や能力・資質，価値観などである。みずからの専門的技術能力が高くないと認識している人は，「現場のことは部下に任せ，部下が仕事がしやすいような職場環境を提供し，サポートに徹することが重要だ」と考えるだろう。また，正直さや誠実さを大事にしている人は，「良い情報も悪い情報も包み隠さず共有することが何より大事だ」と考えるかもしれない。

このように持論は，環境や本人の特性を反映し，直接的な経験および見聞きしたことから形成される。

3.4 リーダーシップ持論を鍛えるとは

前述のように形成される持論を鍛えることができれば，よりリーダーシップを発揮できるわけだが，その持論は2つの方向に鍛えることができる。1つはより多くの状況下でリーダーシップを発揮できるようにしていく（=広げる）ことである。もう1つは持論をより精緻にしていくことである。

1つ目の，より多くの状況下でリーダーシップを発揮できるようにするという方向の中にも2つある。1つはすでにある持論を未経験の領域に当てはめていくことである。たとえばクラブ活動で作り上げた持論をバイトやゼミに当てはめてみることが考えられる。あるいは少人数の状況で当てはまったことを，もっと人数が多くなった時にも当てはめてみることもありえる。もう1つは，持論を拡張していくことである。たとえば少人数の状況で考えた持論が大人数では当てはまらない部分がある場合，大人数でも機能するように自分の持論を拡張することがこれにあたる。

持論をより精緻にするとは，想定している状況に対して，より効果的に機能するようチューニングしていくことである。たとえば「人を巻きこむ時には共感が有効である」という持論を持っているとする。しかし，一口に共感と言っても，人によって共感するポイントは違う。ある人は目指すことそのものに特に共感するかもしれないし，別の人は内容以上にこちらの熱意に共感するかもしれない。また「こういうタイプの人」「こういう状況」では特に共感が効く，とつかんでいくのも精緻化である。

なお，広げることも精緻化することも明示的にしていった方がよい。リーダーシップを上手に発揮する人の中にも「どうやっているか説明はできない」という人もいる。しかし，持論を明示的にしておいた方がバージョンアップしやすい。持論を鍛えるためには第1章で出てきたような経験学習のサイクルを回していくが，どんな状況で，どういう考え方に基づいてどんな行動を取るのか，はっきりしていた方が検証も改良もしやすいということである。

3.5 自分らしいリーダーシップ持論を鍛えるためには

自分らしいリーダーシップ持論を鍛えるために，重要なことが2つある。1つは理論を知ることであり，もう1つは，持論のPDCAサイクルを回すことである。

理論そのものが，実践でそのまま役に立つことはまれである。しかし，みずからの持論を整理したり，より優れたものに鍛え直したりする際には理論が役に立つ面がある。たとえば，暗黙的に何が重要かわかっており，現場ではうまくいっていたとしても，それを言語化することが難しいような時である。また，断片的には何が重要であるのかわかっているが，それをまとめて整理することができずにいる，というようなこともあるかもしれない。そのような時に，理論が，それまでの経験をまとめたり，言語化するためのフレームワークを提供してくれることがある。

また，理論は，それまでの経験では得られない考え方を提供してくれる。なぜなら，理論こそ，経験の積み重ねだからである。それも，一人二人の経験ではなく，何千何万人もの人の経験の積み重ねなのである。多くの人の経験が凝縮されている理論には，様々な視点や考え方が取り入れられており，1人の経験からだけでは得られないような新しい視点をもたらしてくれることがある。

もう1つ重要なことは，経験学習のサイクルを回すことである。このやり方については第2章等で詳説されているので，ここではとりわけ「自分らしい」リーダーシップ持論を作っていくために役立つことをあげておきたい。

まず，この章の第2節に説明されていたような方法で自分の特性をつかんだら，理論も活用しながら，いろいろな局面での「自分らしいリーダーシップ」を探っていく。たとえば確実・ていねいに物事をチェックしていくのが得意な人は，最初は，どういうところに自分がリーダーシップを発揮する機会があるか探って「こういう時に自分が動くとよさそうだ」と持論を立てていくことが考えられるだろう。するとおそらく最初は，ていねいにやりやすい「平常時」についての持論が蓄積されていきそうである。

しかしそれが一段落したら，自分のリーダーシップを広げていくことが考えられる。たとえば，緊急事態や想定外の状況に対して自分がどんなリーダーシップを発揮できるか，少し考えてみるとよい。その際，大きく分けて2つの方法が考えられる。1つはそもそも緊急事態や想定外の状況を減らすようにすること。ここにはこれまで鍛えてきた持論を応用することもできそうだ。もう1つは，緊急事態や想定外の状況のまっただ中で自分が発揮できるリーダーシップを考えることである。これについて，平常時のうちにそういう状況になった時のことを考えておくことはできそうである。だが，それを超えるのがそもそも想定外の事態である。こちらについては1つに，得意でない状況は得意なメンバーに頼る（シェアド・リーダーシップ）という考え方がある。もう1つは，「ていねい」という自分のやり方を少し広げて「本質だけはしっかり押さえて，後は緊急事態に強いメンバーについていく」といったやり方が考えられる。

以上，「自分らしい」リーダーシップを発揮できるようになるための方法を見てきた。まず自己理解が必要である。自分の①好きなこと／好きなやり方，②強み，③ビジョンや美学・ポリシーなどをつかむことである。これらを分析する方法にはいろいろあるが，ここでは「インパクト体験棚卸し」や「ハイ体験棚卸し」といった体験を活用する方法を紹介した。その長所は実際の行動や感情で裏づけられることである。

自分の特性を理解することと並行して必要なのが，効果的なリーダーシップに関する自分なりの信念である「リーダーシップ持論」を鍛えることである。持論は，みずから作っているので自分にぴったり合っているという点で優れている。また，持論は，リーダーシップの理論を知ることと，PDCAを回していくことで，鍛えられる。

倫理性・市民性を育てるには

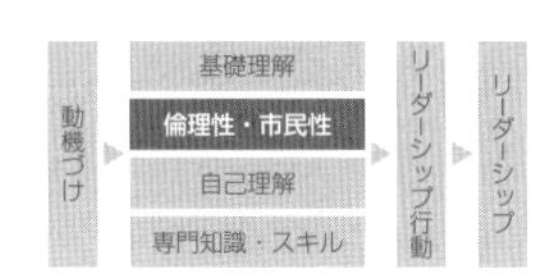

高橋俊之

ここまででリーダーシップ発揮に必要な4つの要素（能力・資質）のうち，3つについて教育手法を述べた（リーダーシップの基礎理解については第2章：経験学習型リーダーシップ教育の基本形に含まれている）。本章では残る1つの要素である倫理性・市民性の教育手法について述べる。大学や高等学校におけるリーダーシップ教育において，ことの外倫理性・市民性を重視するには2つの意味がある。1つには，リーダーシップは企業やビジネスの世界に止まらず，広く社会をよりよいものにするために有効だからである。もう1つは，学生や生徒たちが「こういう社会にしたい」という強い想いを持つと，困難なことにも挑戦していけるようになるからだ[※1]。

では，実際にどうやって倫理性・市民性を育んでいけるのか。ここでもおもに立教大学経営学部BLPで取っている方法を例に説明したい。

※1　リーダーシップと倫理性・市民性に関しては，さまざまな先行研究があり，研究編第1章，第2章で詳しく述べている。

1 リーダーシップ体験自体が市民性の「スイッチ」を入れる

1つ目は，リーダーシップ体験でいわば市民性の「スイッチ」を入れる方法である。最初は本当に身近なところから始まる。たとえば「グループワークで役に立って喜ばれた」というのがその代表例だ。それは自分の能力開発や成績のためにやっただけのことかもしれないが，「人の役に立つ」とか「人に喜ばれる」経験が少なかった人にとっては，「だれか」の役に立った経験が社会の役に立つことへの最初の一歩になりうる。人間には「自分が役に立っている」という感覚や，人に喜ばれることをうれしく思う面があるので，それを実感することで「もっとやってみよう」というスイッチが入るわけである。したがってこのためにも，ポジティブなフィードバックは重要になる。

授業におけるグループワークの場合，4，5人のグループがその人の「社会」であるから，非常に小さい。それでも自分のことだけを考えているのと，チーム全体のことを考えているのでは大きな違いがある。序章に出てきた実践女子大学松下慶太先生の「半径5メートルの市民性」という言葉もこれに通じる。そしてその「社会」を徐々に広げていくわけである。

その点，第3章で紹介した「高校生BL1」は，その社会を自分たちの外側まで広げている。自分たちがBL1で学んできた論理思考とリーダーシップを，自分たちが作った教材で高校生に教える。企業への提案を競い合うビジネスコンテスト型のPBLと違って，高校生BL1には競争も優勝もない。その代わりに，高校生たちに「よかった！」「役に立った」「おもしろかった」と言ってもらうという高い目標に全チームが挑戦する。なかなか大変なプロジェクトであるが，目標を達成した時に彼らは，「だれかの役に立つ」とか「喜ばれる」「ありがとうと言われる」ことの気持ちよさを感じる。下記はほんの一部だがその時の大学生たちの感想である。

> 高校生がとても楽しそうにしてくれ，最後のフィードバックでの感想も「立教に入りたい！」という人がたくさんいて，やってよかったと思いました。

> 率直に，とても楽しかったです！ その根源は，高校生が「わかりやすかった」「楽しかった」「立教経営に来たいと思った」と言ってくれたことだと思います。やっている最中は，本当にわかってくれているか，楽しんでくれているかとても不安でした。でも最後，感想を言ってくれていた高校生の表情がいきいきしていたので，振り返るとその手伝いができてとても楽しかったと思います。

> “教える側の本気”と“教えられる側の意欲”があってこそ，教育は成り立つものだと感じました。

> 短い間だったけど，やってきてよかったと思えるような授業ができました。高校生たちも楽しんでくれていたし，きちんと理解してくれていたように思えました。事例が難しかったにもかかわらず，真剣に考えてくれているのをみて，事例を深掘りした甲斐があったと感じることができました。

大学に入るまで，彼らの多くは，競争に勝つこと（勉強，クラブ活動）を主な動機づけ要因として生きてきている。しかし高校生BL1のような機会にだれかの役に立つことの充実感や達成感を覚えることで，自分の新しい「やる気スイッチ」を見つけ，市民性を育て始めることができるのではないかと考えている。ただし，ここには1つ注意点がある。もし彼らが目標にまったく到達できず高校生をがっかりさせる授業になってしまった場合は，上のようなことは感じられない恐れが大きい。したがって「自分たちで」作り上げることが大事な一方で，必要に応じてサポートして「成功させる」ことも必要になる。

なお，この「人の役に立つ」ことの充実感を最も実感しているのがSA・CAたちである。最初は「かっこいい！」とか「自分の成長につながる」という気持ちだけで応募するものもいる。ところが学期の終わりが近づく頃になると「SA経験者が『受講生がかわいい』などと話しているのを聞くと『何を言ってるんだよ』と思っていたけど，今はその感覚がよくわかる」という言葉をしばしば耳にする。受講生への思い入れが強すぎると，むしろ相手を依存させてしまったり，自己満足のためのものになりかねないので，折にふれて注意を喚起している。しかし，授業設計のミーティング等で何が大事なのか，我々はどこに向かっていくべきかというディスカッションをしていると，SAたちの中に市民性が育ち「BLPが目指していることを考えれば，こういうことに挑戦するべきだ」といった発言も聞かれるようになる。

SAやCAはこのような成長の機会になりうるのだが，予算や授業運営の都合上，採用数はどうしても限られる。一方で応募者数は近年増えており，定員の2倍から3倍の倍率になっていた。その結果，半数から3分の2の応募者については，せっかくの「成長意欲」にこたえられないことになる。そこで受講生の各グループに対して1名がサポートを担当する「メンター」制度が2017年度からスタートした。これにより，SAほどの責任は担えないが何か役に立ちたい，またそれにより自分も成長したいと思っていた，より多くの学生たちが市民性を高める機会を得られるようになった。

もちろん，市民性を伸ばす機会はBLPだけではない。学部の中であればゼミ運営に携わることはその重要な機会である。またクラブ活動，サークル，学生団体，学園祭実行委員などで実践している学生もいる。彼らが自分らしい役割を見つけ，いきいきとしている様子を見て「うらやましい」と思い始める学生もいる。そうやって「だれかの役に立つ」のは面倒なことでも損なことでもなく，自分を充実させるチャンスなのだという空気ができてくると，非常によいと考えている。

2 倫理性・市民性を前提に授業を設計する

学生たちが受け取るPledgeカード

一方，倫理性・市民性を大前提として強く打ち出してしまう方法もある。たとえば立教大学経営学部の場合，新入生たちは，ウェルカムキャンプの初日に「立教大学・経営学部の誓い」についてレクチャーを受ける。そしてこれに賛同するものは学部長から「Pledgeカード」を受け取る一方，誓

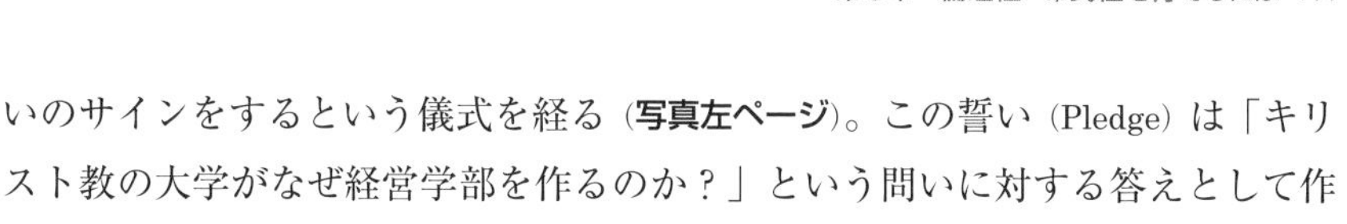

いのサインをするという儀式を経る（**写真左ページ**）。この誓い（Pledge）は「キリスト教の大学がなぜ経営学部を作るのか？」という問いに対する答えとして作られたものだ。それは，次のようなものである。

立教大学・経営学部の誓い（Pledge）

立教大学経営学部の一員として，また，ビジネスや社会における将来のリーダーとして，私はここに，以下を目指すことを誓います。
・与えられた能力を使い，真摯に学び，豊かで持続可能な世界を実現することに貢献します。
・すべての人々を尊敬し，その権利と尊厳を守ります。
・正直かつ高潔に行動します。
・自分の行動に伴う全ての責任を受け入れます。
私は，学部で学ぶ全ての友の前で，また友とともに，本日この誓いを立て，守っていくものです。

ここに書かれている言葉は新入生にとって，意味はわかるものの，必ずしも実感のわくものではないかもしれない。しかし「グッド・ビジネス」をはじめとする経営学部の科目で，ビジネスにおける倫理性・市民性について具体的に学ぶとともに，BLPの授業の中でも意識し続けるように仕組みが作られている。

たとえばBL0でのビジネス・プラン審査基準には「社会に対するインパクト」が含まれていて，ビジネスインパクトと同じだけの配点となっている（**図6-2**）。またこの審査基準はBL0の最初の頃から提示される。

また，連携企業から提示される課題も，社会に対するインパクトについて考えさせるようなものになっている。たとえば「日本の食が豊かになるために吉野家ホールディングスができることを提案せよ」（2016年度BL0）という課題に向かうことで「食の豊かさとは何か？」「日本における豊かさとはこれから何を意味するのか」といったことを考え始める。あるいは「メンバーのだれかが“ジブンゴト”として捉えているテーマを1つ選んでBEAMSができることを提案せよ」（2017年度BL0）という課題は「何だったら自分ごとだと思えるだろう？」「それをどうBEAMSとつなげられるか？」と考えさせる。

当然，プランを考え始めた段階では「社会に対するインパクト」のイメージがわかない学生が多い。ボランティアや寄付の話だけではビジネスプランにならないことには早い段階で気づくが，ではどんな形がありうるのかは自分たち

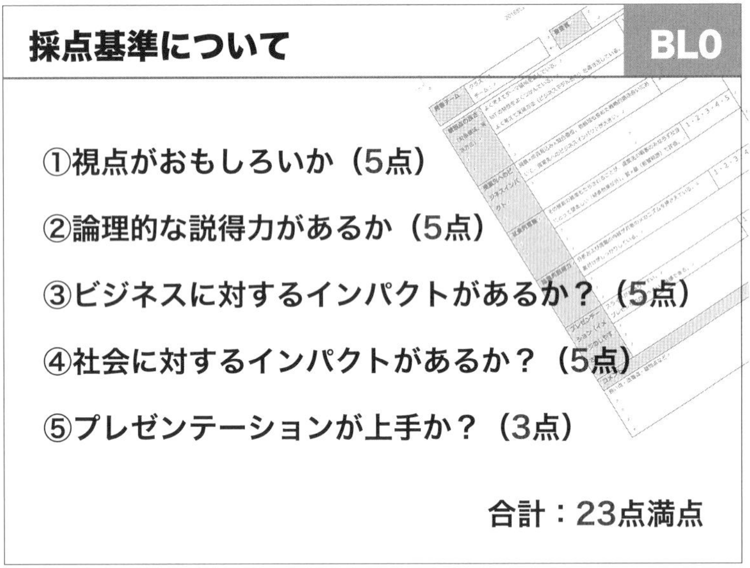

採点基準について　BL0

①視点がおもしろいか（5点）

②論理的な説得力があるか（5点）

③ビジネスに対するインパクトがあるか？（5点）

④社会に対するインパクトがあるか？（5点）

⑤プレゼンテーションが上手か？（3点）

合計：23点満点

図6-1 ビジネスプラン採点基準

で探っていくことになる。プランの価値を高めるために考え，議論を重ねていくうちに，自分たちなりの考えが形づくられてくる。

一方，2017年度2年生前期のBL2は，同じようにビジネス・コンテスト形式のPBLであるものの，審査基準が公開されなかった（テーマ：「君たちの選んだある日本企業向けに，世界で広く活用され，No.1になれるようなIoTを使ったビジネスプランを提案せよ」）。

これは，審査・採用基準が提示されないことの方が多い，現実のビジネスに近づけるためである。しかし受講生たちは，BL0での経験から「社会に対するインパクト」も審査の基準に含まれていると考えているようで，ほとんどすべてのチームが，この要素を持ったプランを考え，またその点もアピールするプレゼンテーションをおこなっている。その形も様々で，たとえば本選進出チームには，災害発生時に医療機関への電力供給を確保するプラン，妊婦と胎児の健康状態をモニターするプラン，火災の初期消火を促進するプランなどがあった。

このように「社会を意識する」ことを，課題や評価に組み込むことで，何が今，社会のイシューなのか，それはどういう状況にあるのか，公的機関でなくとも社会の課題解決や社会の前進にどのように関与できるのかを考えるようになる。またそれぞれのチームで自分たちのプランを考え，それを他チームと共有する機会を持つことで，自分たちが考えた以外のイシューについても知ることができる。

3 本人の内（うち）から市民性を育てる

最後にあげたい方法は，自分の内から市民性を育てるやり方である。BLPでは第5章で扱った「インパクト体験棚卸し」と「ハイ体験棚卸し」がこれにあたる。

「インパクト体験棚卸し」では，自分の過去を振り返って，自分に大きな影響を与えた体験から「自分の強み」「応援したい人たち」「社会への想い」を引き出す。このうち「応援したい人たち」と「社会への想い」は，自分の体験に基づく「市民性の素」と言える。インパクト体験の事例のように，ニキビがひどくてコンプレックスを感じた体験から，ハンディキャップのある人を応援したり，外見でコンプレックスをもたない社会を目指したりという考えを持つ人もいる。また，苦労して学級委員をやりきった達成感から，先頭に立つ人を応援することの大切さや，多くの子どもたちがリーダー体験をできる社会を作ることの大切さを考える人もいる。

リーダーシップを発揮できるようになってくると，「社会への想い」も単なる願望ではなくなってくる。身近なところでは実践したり，少しずつ挑戦することができる。一方，そのように外に向けて行動する中で，新たな壁に直面したり，逆に非常によいことに巡り会うことがある。そこからまた「壁をなんとかするには何が必要なのか」「よいことを広めるにはどうすればよいのか」と考えるようになると，問題意識や意見を持つ領域が増えていく。

これはインパクト体験だけのことではない。「楽しい」「好き」の体験である

「ハイ体験」からも引き出せる。「ハイ体験棚卸し」では，自分が好きなことややりたいことの「かけら」を，たとえば「人前で話すこと」「競争すること」「人やものなどの素材を活かすこと」「新しいものにふれること」「整理すること」「美にふれること」「オリジナルを作ること」「問題を解決すること」「人をリラックスさせること」というように解釈して出していく。すると，自分のように同じことが好きな人たちのためにも，そういうことが身近であったり評価されたりする社会であってほしいと考え始めることは珍しくない。

以上，本章では，倫理性・市民性を育んでいくために，BLPでは以下の3つの方法を取っていることを述べてきた。

- リーダーシップ発揮の機会自体を市民性を育む機会として活用する。その際，なんらかの成功体験とポジティブなフィードバックを伴わせる
- 市民性を前提として授業に組み込む。たとえば課題や評価基準に倫理性・市民性を含めるなど
- 本人のインパクト体験やハイ体験から「社会への想い」を引き出すことで市民性につなげる

第3部 リーダーシップ教育のイシュー

大学，高校，企業など，リーダーシップ教育のターゲットに関して
繰り返し議論されるイシューについて述べていく。

第7章 すべての人がリーダーシップを発揮できるようになる意義とその方法

石川 淳・高橋俊之

【事例】実践女子大学人間社会学科部松下慶太准教授の取り組み

リーダーシップ教育のイシューとして最初に取りあげるのは,「本当にすべての人がリーダーシップを発揮する必要があるのか。また,もしそうである場合,これまで述べてきた手法以外に学び手のタイプによって工夫が考えられるのか」である。本章では,なぜ「すべての人」なのか,その意義を述べたうえで,リーダーシップを発揮した経験の少ない生徒・学生への教育方法について述べていく。

1 すべての人がリーダーシップを発揮できるようになるべきなのはなぜか

石川 淳

現実には,すべての状況において全員がリーダーシップを発揮するべき,というわけではない。状況によってはトップダウンで動いた方がよいこともある。しかし次の2つの理由から,多くのケースでは全員がリーダーシップを発揮できるようにしていくことが望ましい。1つ目はビジネス環境の要請によるものである。2つ目は個人のやりがいや満足感が高まるからである。順に説明していこう。

1.1 ビジネス環境の要請から すべての人にリーダーシップが必要になる

ビジネス環境の要請を考えると，さまざまなグループにおいて，常に固定のだれかがリーダーとなって皆を先導するのではなく，メンバー全員が連携しながらリーダーシップを発揮するシェアド・リーダーシップ（第1章参照）のメリットが大きくなると考えられる。というのも今，ビジネス環境は，

- 複雑かつ変化が多い
- 創造性が求められる
- スピードが求められる

という3つの様相を呈しており，今後それはさらに強まると予想されるからである。

ビジネス環境が複雑かつ変化の多いものになっていることは読者も異論がないことと思うが，複雑かつ変化の多い状況とはどのようなものかゲームソフトの開発で考えてみよう。ゲームソフトの開発には多くの人が関わるという点でまず複雑であると言える。監督，多数のプログラマー，ゲームそのもののデザイナー，キャラクターのデザイナー，シナリオライター，楽曲のアーティスト，サウンド技術者等，それぞれの専門性を持った多様なプロフェッショナルたちが関わる。高度なものを求めるため，この細分化はさらに進んでいると聞く。しかも，ゲームを取り巻く環境は刻々と変化している。技術も変化していれば，楽しむ側の嗜好や楽しむ環境も変化している。そのような状況では，関わる人すべてが，みずからの視点や能力を活かした提案を持ち寄り，よいプランに仕上げていく必要がある。時に「コミュニケーションは苦手なので，好きなゲームの開発を黙々とやれる仕事に就きたい」という話を聞くが，そういうわけにはいかないのである。そして，このように複雑かつ変化が多い状況となっているのは，いまやゲームソフトの世界に限ったことではない。

次に創造性を求められる状況が増えている。インターネットが発達した今，新しいものはあっという間に広まり，真似され，飽きられる。まったく新しいも

のを生み出すだけでなく，既存のものを長く活かしておくためにも「小さな創造」が継続的に求められる。

この創造性にはシェアド・リーダーシップが有効である。新しいアイデアといっても真空から生まれるわけではない。既存のものをいろいろな角度から見つめ直したり，組み合わせ方を変えること，つまり数え切れない試行錯誤と飽くなき探求によって新しいアイデアが生まれる。これを進めるには，１人孤独に考えるのではなく，多様な人たちが本気になって取り組み，かつ協力し合う方が有効だろう。実際，ごく一部の天才的な人を除けば，多様な人たちが集まったチームの方が，個人よりも創造性を発揮することが創造性研究からも明らかにされている※1。

3つ目にスピードが求められる状況が増えていることがあげられる。良いことであれ悪いことであれ，インターネットですぐに情報が拡散される時代である。素早く対応できるかどうかが企業の業績やイメージに大きく影響する。そのためには現場に権限委譲されるとともに，明確な方針が示されていることが必要になる。しかしそれだけでは足りない。判断に必要な情報と，判断する能力も必要である。ただしこれらを１人ですべて持っている必要はない。情報を入手した人が判断力の高い人に積極的に働きかけたり，判断力の高い人が情報収集力の高い人に働きかけるというように，みんなでリーダーシップを発揮し合えばよい。

ここまでをみて，全員がリーダーシップを発揮できることは組織にとって意義が大きいことがわかる。またそれは，個人にとってもリーダーシップを発揮できるようになっておく必要があることを示している。これからの組織では，指示された仕事をこなすだけのいわゆる指示待ち族は必要とされない。また，１人で黙々と仕事をすることはできるが，他のメンバーと協調して仕事をこなすことができないような人の必要性も高くない。必要なのは，メンバーが適切な

※1 Shin, S. J., Kim, T.-Y., Lee, J.-Y. & Bian, L. I. N. (2012) Cognitive team diversity and individual team member creativity: A cross-level interaction. *Academy of Management Journal.* Vol.55 No.1 pp.197-212.
Woodman, R. W., Sawyer, J. E. & Griffin, R. W. (1993) Toward a theory of organizational creativity. *Academy of Management Review.* Vol.18 No.2 pp.293-321.

リーダーシップを発揮している時にはフォロワーに徹し，みずから強みを活かすべき時には，臆せずにリーダーシップを発揮できる人である。

column くまモンのプロモーション※に見られるシェアド・リーダーシップ

くまモンはご存知の通り，ゆるキャラブームの隆盛に大きく貢献した熊本県のキャラクターである。くまモンの実質的なプロモーションを担当し，全国区まで押し上げたのは熊本県くまもとブランド推進課の職員たちである。

たとえば地元熊本では着ぐるみが保育園や幼稚園を訪問したり，百貨店とコラボすることでファンを増やしたりすることで知名度を高めていった。一方，関西では「くまモンを探せ大作戦！」と名づけたプロモーション活動をSNSでおこなったり，吉本の新喜劇に登場させることで知名度を高めていったりした。またある程度知名度が上がってくると，県がブランド向上につながると判断すればくまモンを無料で使えるようにもしたのである。これがまた知名度を高めた。

そして重要なのは，これらのプロモーション戦略を，マーケティングについては素人のブランド推進課の職員たちがおこなっていったことである。職員たちは，みんなで手分けをして情報を探索し，知恵を出し合い，さまざまな人からのアドバイスを受けながらプロモーション戦略を進化させていった。

※ 日経ビジネス（October 22, 2012）「特集 奇跡を起こす すごい組織100」. 日経BP.
熊本県庁チームくまモン（2013）くまモンの秘密：地方公務員集団が起こしたサプライズ. 幻冬舎.

1.2 リーダーシップを発揮できることはやりがいや満足感を高める

第2に，リーダーシップの発揮は仕事をおこなううえでの本人のやりがいや満足感を高める。リーダーシップを発揮するということは，みずからの判断で動くことである。また，みずからの強みを発揮することでもある。この両者が，やりがいや満足感にポジティブな影響を及ぼすと考えられる。

みずからの判断で動くということは，自律的に動くということである。この自律性は，内発的モチベーションや職務満足を高めることが研究で明らかにされている[※2]。内発的モチベーションとは，仕事そのものをおもしろいと感じたり，やりがいを感じたりすることで高まるモチベーションである。また，職務満足とは，仕事そのものに対する満足度である。つまり，リーダーシップを発揮して自律的に動くことで，仕事に対するやりがいや満足感を得られるようになるのである。

また，リーダーシップを発揮するということは，みずからの強みを発揮することでもある。みずからの強みを発揮することは自己効力感につながる。自己効力感とは，自分自身の能力・スキル等についての自信である。他人に見栄を張ったり，自慢したりする際の自信ではなく，心の底から感じる真の自信である。みずからの強みが，他者へ影響力を及ぼすのであるから，その強みに対する自信は深まるであろう。

真の自信がある人，すなわち自己効力感が高い人は，逆境に強く，常にみずからを成長させようとすることがわかっている[※3]。また，高い内発的モチベーションや職務満足を有する傾向があることもわかっている[※4]。つまり，リーダーシップを発揮することで自己効力感を高めた人は，仕事に対して高いやりがいや満足感を感じるのである。

以上見てきた通り，個人のやりがいや満足感という視点から見ても，すべての人がリーダーシップを発揮できるようになることが望ましいのである。

※2 Amabile, T. M. (1983) The social psychology of creativity: A componential conceptualization. *Journal of Personality & Social Psychology*. Vol.45 No.2 pp.357-376.
Weaver, C. N. (1977) Relationships among pay, race, sex, occupational prestige, supervision, work autonomy, and job satisfaction in a national sample. *Personnel Psychology*. Vol.30 No.3 pp.437-445.

※3 Gibbons, R. (1998) Incentives in Organizations. *Journal of Economic Perspectives*. Vol.12 pp.115-132.
Harter, S. (1978) Effectance motivation reconsidered: Toward a development model. *Human Development*. Vol.21 pp.34-64.

※4 Bandura, A. (1977) *Self-efficacy: The exercise of control*. Freeman.

2 リーダータイプではない人のリーダーシップ教育

高橋俊之

ここまで，すべての人がリーダーシップを発揮できるようになるべき理由を述べてきた。そうすると，これまでリーダーシップ教育とは縁のなかった人たち，つまりリーダーを務めた経験もなければリーダーになろうなどとも思っていなかった人たちがリーダーシップを発揮できるようにする必要が出てくる。では，それはどのようにおこなうのか。それはその人の特性によって違ってくるが，序章で紹介した松下先生の手法は参考になる。

Front Line
だれもが成長できる。「生きる力」を育むリーダーシップ教育②

実践女子大学 人間社会学部 松下慶太准教授の取り組み　（取材・文／小河原裕一）

風土を変える

実践女子大学は，東京・渋谷と日野市にキャンパスを持ち，文学部，生活科学部，人間社会学部の3学部構成で，1学年の学生数は約1000人。入学試験の偏差値は35.0～57.5。2019年に創立120周年を迎える伝統校だが，近年は女子大の特長を活かしたキャリア教育に力を入れ，卒業時の実就職率（卒業生のうち大学院進学者を除いた人数を母数とした就職者の割合）も90.6％（2017年3月）と高い数字を残している。

松下先生いわく，学生たちはまじめで，コツコツと勉強するタイプが多い。従来から総合商社やメガバンクの一般職など，人をサポートする仕事を目指す学生が多かったこともあり，大学における教育や指導も，学生のいいところを伸ばすことよりも，悪いところを直して平均化しようとする傾向があるようだ。

そのような風土を変えていきたい，と松下先生は考えた。

「思っていることを言ってかまわない。思い切り表現しても，だれも笑ったり，非難したりはしない。自分の価値観に自信を持って発言・行動できるようになってほしいのです」。そのために，松下先生の授業やゼミには，さまざまなしかけがほどこされている。

※ 渋谷区基本構想（2017）YOU MAKE SHIBUYA.（Retrieved March 4, 2018, from http://www.youmakeshibuya.jp）.

動けるようにする

まずは，動くことだ。

高校時代までリーダー的なポジションについた経験が少なく，自分から率先して動くやり方がわからない学生には，まず，自分から動くことを体験させる。

たとえば，2017年度の新入生セミナーでは，東急電鉄と提携し，大学がある渋谷エリアでフィールドワークをおこなった。子育て・教育・生涯学習，福祉，健康・スポーツ，文化・エンタテインメントなど，渋谷区が掲げる「渋谷区基本構想（2017～2026）※」の中からテーマを選んで，その課題と提案をポスター発表するというものだ。細かい条件はつけない。目的を伝え，道具を渡して「さあやってみよう！」と背中を押す。

40チーム約230名の人間社会学部入学内定者たちが，簡易型プリントカメラ「チェキ」とスマホをもって渋谷の街を駆け回る。ポスターをどうつくるか，チェキをどう使うかなどの細かい指定は一切なしだ。街を歩きながらテーマに沿った課題を発見し，提案を考え，ポスターを作り，最後にポスターセッションで発表。さらに懇親会まで含めて12時間に及ぶ大イベントだが，学生たちの評判はよかったという。

「言われた通りにやるのではなく，まかされて作ることってシンプルに楽しいよね，という感覚を持ってほしかった」と松下先生は言う。

この新入生セミナー，前年度までは2日目にディズニーランドへ行っていた。

「もちろんそれはそれで満足度は高いのですが，それは『楽しむ』というよりも『楽しませてもらう』要素が多いのではないでしょうか。大学生活の導入として，みずから動いて楽しむことを積み重ねていく，その第一歩にしたいという狙いがありました」

調べたことをポスターにまとめるグループワーク

自分の価値観を持つ

実践女子大学の学生は率先して動いた経験が少ないとのことだが，もちろん自分から動いてみたいと考えている学生もいる。校則に縛られていた高校時代から，自由に行動できる大学生になって，「何かにチャレンジしたい」「今までは引っ込み思案だったが，ここで自分の殻を破りたい」と思っている学生たちも少なくないのだ。そんな学生が新入生セミナーでフィールドワークの楽しさにふれ，「どうせ学ぶなら，ハードワークであっても楽しい授業にチャレンジしたい」と，アクティブラーニングやPBL型の授業に集まってくる。

松下先生の「フューチャースキル実践」は，企業に対する提案をグループワークでおこなう1年生前期のPBL型授業科目。企業からの課題に対してチームで提案を作り，プレゼンテーションする。そこで大切にしているのは，企業からの課題を「ジブンゴト（自分に関わりのあるもの）」にすることだという。そのためには，「正解」を当てようという姿勢ではダメで，自分の価値観に基づきながら，何が良いかを選んでいくことが大切だという。

「学生たちは正解を知りたがります。『この企業が求めていることって，これでいいんですよね？』『この商品案で売れますか？』『こんな企画って，みんな好きですよね？』とすぐに聞いてくるのですが，そんなこと知らないよ（笑）といって突き放します」

企業への提案は「半分はラブレター，半分は挑戦状」と松下先生は学生たちに言っている。

もし，正解があるなら，課題を出してくれている企業はわざわざ学生たちに考えさせる必要はない。企業が気づいていない視点を提示したり，アイデアを思いついたりしてくれる可能性に期待してくれているわけだ。だから提案は，「この企業が，こういうことをしたらいいな」という自分たちの思いをこめるラブレターであり，同時に，「こんな課題があると思うのですが，気づいていましたか？」と問いかける挑戦状であってほしいと考えているのだ。

そのためには，提案に自分たちの価値観が込められていなければならない。「その提案が通ったら，自分でやってみたいと思うのか？その商品が売られていたら，買いたいと思うのか？」と自分に問いかけることを常に学生に求めている。

自分の土俵で戦う

実践女子大学だけではなく，多くの学生たちは自分以外のものさし（価値観）にしたがって生きてきた。親，先生，友だち，そして「偏差値（入試）」による学力のものさしだ。そのものさしを変えることも必要だ。

メディア論をテーマとする松下ゼミでは，明治大学，中央大学，関西大学，関西学院大学，武蔵野学院大学などでメディアを専門とするゼミとの研究発表会を毎年夏におこなっている。このイベントは，松下ゼミの学生にとって「試練」だ。

課題の掘り下げ，リサーチ，論理構成，パワーポイントのクオリティなど不安は尽きない。放っておくと「他の大学にはかなわない」「こんなレベルの低い発表ですみません……」と白旗を揚げてしまうことになりかねない。

そんなとき松下先生は，「自分たちの土俵で勝負しろ」と学生たちに言う。

「私たちは，実践したことを発表します。渋谷でこんな映像を作りました。ヒカリエでこんなワークショップをやりました。そうしたらこんな反響がありました……」。そんな風に言い切ってしまえと。他と比較できない「自分の土俵」で自信を持って戦えば，「どちらが上か下かではなく，他とは違うね」と別のものさしで見てもらえる。

「たとえば美大の学生は，偏差値で比較されませんね。どれだけの作品を作れるかということで勝負できる。アートという自分の土俵に相手を引っ張り込むことができるのです。そ

松下先生は，身近な例を使って，難しい理論をわかりやすく解説する

れと同じように，自分の土俵をしっかり持ち，その場のルールメーカーになることが大切なのです」

挑戦する

「自分は何が好きか」「何がやりたいか」「なにが得意か」を意識できるようになった学生たちは，ハードルの高い取り組みに挑戦できるようになる。

序章で紹介したリフレクションシアターは，100banchというイベントスペースに一般客を招いて，「即興劇」によるグループワークをファシリテーションするというイベントだ。松下先生のゼミ生たちがみずから主催する。企画・広報・集客・運営をすべて自分たちでおこなわなければならず，プロジェクト型学習としての難易度は高い。チーム全員がリーダーシップを発揮していかないと，イベント自体が成立しないことになる。

学生たちは，即興劇にはどんなテーマがいいか，事前に何度も自分たちでシミュレーションを繰り返した。初対面の人を和ませるアイスブレイクや，オープニングに景気づけのダンスを踊ろうというアイデアも出し合った。当日の運営も，受付，MC，記録と各担当が午前中の準備から夜の片づけまで，休む暇もなく動いていた。松下先生は一切指示をすることもなく，イベントの冒頭と最後に挨拶をかねた5分間のレクチャーをしただけで，イベントは滞りなく開催できた。

ここで，いきいきと動き回っている学生たちだが，最初から行動派の学生ばかりではない。話を聴くと，「最初はマイクを持つ手が震えて止まらなかった」「今でも，プレゼンの紙を読んでいるだけで，涙が出てくる」という答えが返ってくる。そして，「こういう場で，平気で話せるようになったのがうれしい」「大学で，何か形になることをやってみたかった。このゼミに入ってそれができた」「他のグループワーク的な授業やサークルなどでも，中心になって活動するようになった」と，入学以来の目標や努力してきた成果を話してくれる学生もいる。高いハードルに挑戦し，乗り越えているのだ。

心に響く伝え方

アクティブラーニング形式の授業は「やった」という満足感が高くなる。特に，高校時代までにリーダーとしてプロジェクトを動かした経験のない学生たちにとって，ここで紹介してきたようなPBLやイベントは，人生で数えるほどの，インパクトのある体験となる場合もある。PBLの最後の授業では，学生たちが涙ながらに3か月間のプロジェクトワークを振り返る場面もある。本書で繰り返し紹介しているように，PBL型の授業は立教大学や早稲田大学でもおこなわれているが，学生たちにどんなリーダーシップ行動を求めるかによって，やり方やポイントの置き所が変わってくる。

松下先生の，実践女子大学におけるリーダーシップ教育のベースは「心に響くやり方」にあるのだという。

たとえば「リーダーシップ」という言葉は使わない。学生たちがお山の大将的なリーダーをイメージしてしまって，すべての人が発揮すべき本来のリーダーシップから離れてしまうからだ。

他者との関わり合いについても，「半径5メートルの市民性」を大切にする。「自分の価値観を自分のためだけではなく，かといって，世界とかアフリカの見ず知らずの人を救うためでもなく，自分の身近な，半径5メートルの社会のために動けるように」と仕向ける。PBLにおける企業からの課題を，どれだけ自分の価値観とシンクロさせるかに気を配る。

音楽や詩や即興劇を題材に使うのも，「頭や思考から入る」のではなく「心・感覚・カタチから入る」ほうが，より伝わるからだ。

「チームに1人いてほしい人」

「チームに1人いてほしい人」を育てたいと松下先生は言う。

たとえば，学生たちに人気の就職先に金融機関の一般事務職がある。そういった職場で求められるのは，地味な裏方やレスポンス型の役割を，しっかり目的を押さえて果たしてくれる人だ。それを「仕事だから」「我慢して」やるのではなく，自分の意思で，自分の考えや想いを持ち，目的を理解して取り組める人であってほしい。意思のある行動によって職場に貢献し，他と代え難い人になってほしいと考えている。

自分の価値観と想いがあれば，所属する組織やグループが変わっても，その中で自分を活かし，しかも自分としてブレずに生きていくことができる。働き方，結婚のあり方，家族のあり方，そして一人ひとりの生き方も多様化する現代，学生たちは，決まったレールの上を歩くのではなく，常にみずからの決断を迫られながら生きていくことになる。その道を主体的に選んでいくために，自分の価値観とそれを表現するスキルは，彼女たちの「生きる力」になると，松下先生は考えている。

まつしたけいた●実践女子大学人間社会学部准教授。京都大学文学部卒。同博士号（文学）取得。フィンランド・タンペレ大学ハイパーメディアラボラトリー研究員。大学ではメディア・ワークショップ，フューチャースキル実践，メディア・コミュニケーション論，コミュニケーション・デザインのゼミなどを担当。入学前PBL，新入生セミナーも担当。立教大学のBLPの講師も務める松下慶太先生は，東京・渋谷にある実践女子大学人間社会学部の准教授として課題解決型プロジェクト学習や多彩なアクティブラーニングの手法を活用しながら，女子学生のリーダーシップ教育に取り組んでいる。

2.1 得意な形からリーダーシップを発揮すればよい

実践女子大学松下先生の取り組みから言えることは，リーダーシップを発揮するために，先頭に立つ必要はない，ということである。(最初は)「リーダーシップ」という言葉さえ必要ない。

リーダーの横にいて，的確なサポートをするのもリーダーシップ行動であるし，裏方，聞き役，記録係もリーダーシップを発揮しうる。そのような役割の人たちが，しっかりとした価値観を持ち，自分自身の判断で主体的に行動すれば，チームの力は何倍にも高まることになる。さらに，オフィシャルな役目を果たすことだけがリーダーシップ行動ではない。一見ただのお調子者のように見えても，疲れたチームを元気にしていればリーダーシップを発揮しているといえるし，みんなが慌てている時に，「まあまあひと息ついて」とチームに落ち着きをもたらす人もリーダーシップを発揮しているといえる。リーダーシップは，その人の得意な形で発揮することができる。

2.2 自分の価値観・想いが基盤になる

ただまじめに仕事をこなすだけではリーダーシップを発揮しているとはいえない。ビジネス環境としても「言われたことをやっている」だけでは足りない時代になってきている。複雑かつ変化の多い時代，創造性とスピードが求められる時代である。その中では，裏方を含むすべてのメンバーに，目的・本質を押さえる力，臨機応変な策を考える力，言葉の後ろにある意図をつかんだり大事なことを的確に伝えたりするコミュニケーション力などが必要になる。しかし力だけでは足りない。松下先生が指摘している通り，自分の価値観・想いを持つことも大事である。想いは燃料でありコンパスである。方向が合っている時には想いは燃料になり，考えようと思わなくとも「どうするのがベストなのか」「どうすれば伝わるのか」を考えさせ，情報に敏感になったり，思考力やコミュニケーション力を高めたりする。方向が違う時には「何か違う」と気づかせ，声をあげる勇気を得られる。

2.3 スモールステップによる成功体験

自分の価値観を持つことも，思考力やコミュニケーション力を高めることも，スモールステップで成功体験を積み重ねていくことが成功の鍵である。リーダーシップを発揮するのをためらうような学生は自分を出したり，挑戦して成功した体験が少なく，失敗して嫌な思いをしたことの方が多い。その結果，自分を出さないこと，挑戦しないことを学習してしまっている。

そこで，ちょっとだけ挑戦しては必ず「成功」させるところからスタートする。ここでいう成功とは，本人が「これまでできなかった何かをできた」「少しでも成長できた」「これを得られた」と感じられることを指す。教員のフルサポートで行事が無事に終わることではない。たとえいろいろ失敗があっても，目標を達成できなかった部分があっても，「これまでより」自分でやれた，自分を出せたと感じられることが重要である。「挑戦してよかった」と感じることが次の挑戦につながる。

もう1つ有効なのは，イメージできるようにすることである。松下先生が企業への提案を「半分はラブレター，半分は挑戦状」と表現しているのはその例である。この表現によって，「企業への提案」という無機質な言葉が，学生たちにとって生きたものになってくる。その結果，ともすると形だけ満たした意味のないレポートになってしまうものが，学生たちの力を伸ばし受け取る側の心にも響くメッセージになる。これは第3章で述べた「イメージできるようにする」ことが特に大事になる，ということである。

以上，すべての人がリーダーシップを発揮できるようになる意義とその方法について述べてきた。なお，本章で取り上げた，自分の土俵で戦うこと，自分の役割を見つけること，また自分の価値観や想いを持つことのためには，第5章で扱っている自己理解が非常に役立つ。

第8章 「すべての人がリーダーシップを発揮する組織」のための公式リーダー候補の人材育成

日向野幹也

【事例】早稲田大学リーダーシップ開発プログラム

ここまで，すべての人がリーダーシップを発揮できるようになるための教育手法について述べてきた。このような教育によってリーダーシップを発揮できるようになった人たちが，組織の中でその力を発揮していくためには，その組織を統括する公式のリーダーの役割も変わっていかなければならない。具体的には，常に公式リーダーが号令をかけ，他の人たちがそれに従うのではなく，公式リーダーは大きな意思決定のみおこなう一方，メンバーが状況に応じてリーダーシップ行動をとれるよう体制を整えることに注力する方向に向かうべきだろう。公式リーダーがそのような人になれるかどうかで，組織活動の成果は大きく変わってくることが予想される。しかし，当然のことながら，そのようなリーダーのロールモデルを見ることはまだ少ない。したがって，大学教育においても，将来組織の公式リーダーになっていくであろう学生たちが，「公式リーダーのリーダーシップ」のあり方を学ぶことにはおおいに意味がある。

そこで本章では「10年間で10万人のグローバルリーダーを輩出する」という教育目標を掲げている早稲田大学で，2016年に始まったリーダーシップ開発プログラム（LDP）を紹介しながら，これからの公式リーダーのためのリーダーシップ教育について考えていきたい。

Front Line
他者を活かす。公式リーダー候補たちのリーダーシップ②

早稲田大学 リーダーシップ開発プログラム

（取材・文／小河原裕一）

LD2・大隈塾とのジョイント「質問会議」

早稲田大学グローバルエデュケーションセンターに設置されている全学共通科目「リーダーシップ開発2（以下，LD2）」では，学生たちのリーダーシップ開発に，「質問会議」という手法を用いている。『質問会議』とは，アメリカ・ジョージ・ワシントン大学のマイケル・J・マーコード教授らが考案した議論の手法で，会議の参加者が意見を言い合うのではなく，問題に関する質問とその応答のみで議論を進め，問題の解決策を探っていく会議術のことである。課題の解決だけではなく，参加しているメンバーのリーダーシップ開発に役立つとして注目されている。リーダーシップ教育の観点から捉えると，第1章でふれたリーダーシップ発揮に必要な要素のうち，リーダーシップについての基礎理解を経験から深める効果がある（詳しくは本章で後ほど説明する）。また，コミュニケーション力というスキルを高めることにもつながる。

LD2の受講生は，授業の中でこの「質問会議」の手法を身につけているわけだが，カリキュラムの後半では，ゲストを招いてのワークショップを実施している。取材当日は，さまざまな課題に取り組むことで将来のリーダーを育てようと課題解決型の授業をおこなっている『たくましい知性を鍛える』（『大隈塾』）の設置科目受講生（約50名，以下大隈塾生）を招いてのセッションがおこなわれていた。大隈塾は，同学卒業生でもあるジャーナリストの田原総一郎氏が塾頭を務め，早稲田大学から多くのリーダーを育てていこうという目的で2002年に設置された。各界のリーダーを招いて講演会を開いたり，産官学連携のプロジェクトに取り組んだりするなど，活発な活動をおこなっている。

端的に表現すると，LDPは人を活かす側面に注目した「リーダーシップ教育」，大隈塾は個の力を高め，社会を先導する「リーダー育成」を目的としている。

その2者のジョイントによる質問会議は，大変興味深いものだった。LDPの受講生にとっては，日頃の成果を試す“他流試合”。一方，PBLのワークで侃々諤々の議論を繰り返している大隈塾生にとって，「自分の意見を言えない」というルールは，パンチの打てないボクシングのようなもの。「質問だけで，問題を解決できるのだろうか？」という戸惑いの表情もみられた。

「質問会議」に見られるリーダーシップ現象

『質問会議』の基本的なルールは以下の通りである。

①適当な人数でグループを作る。
この日はLDP受講生と大隈塾受講生混合で5，6人のグループを作った。
また，一人ひとりがどのようにリーダーシップを発揮するか個人の行動目標を設定する。

②メンバーのうちの1人がアクションラーニングコーチ（ALコーチ）として進行役とな

る。ALコーチは課題解決には直接関わらないが，話し合いをいつでも中断して介入する権利がある。

この日はLD受講生の１人がALコーチとなった（なお，ALコーチを円滑におこなえるようになるまでにはかなり訓練が必要である）。

③メンバーのだれかが「問題提示者」となり，議案を提示する。

この日は事前に日頃抱えている問題を提出してもらい，その中から選んだ。

④話し合いは「質問とその答え」で進める。意見を言えるのは質問に答えるときだけ。

⑤参加者はいつでもだれでもだれにでも質問できる。

それだけのルールが示されて，会議は始まった。

CaseStudy

Aグループの事例

（個人情報保護のため，一部改変している）

――問題提示者が問題とその背景を説明

〈問題〉

祖母を介護施設に入所させるか悩んでいる

〈背景〉

祖母は祖父が他界してから足腰が悪くなり介護が必要になってきた。しかし，祖母の家まで片道２時間かかるため家族で介護するのが難しい

――問題を明確にするためにメンバーが質問し合う

〈質問例〉

「普段運動などはしていますか？」「介護施設以外のヘルパーなどの選択肢はないのですか？」「本人（問題提示者）はどうしたいのですか？」「同じような経験があった人はいますか？」「祖母とは普段コミュニケーションをとっていますか？」「この問題で障害になっていることは何ですか？」

――質問を始めてから10分近く経ったころにALコーチが介入してチームの状況を確認

AL：私たちのチームの雰囲気を10点満点で点をつけるとしたらいくつですか？

「７点」「８点」「７点」「７点」「６点」

AL：これを10点に近づけるためにはどんなことがあるといいと思いますか？

「問題提示者からの質問があるとよい」「深める質問ができるとよい」

――ALコーチが会議を進行

AL：リーダーシップ目標を意識しながら引き続き問題を明確にする質問をしてください

「祖母は一緒に暮らすことは考えていないのか？」「本当にコミュニケーションは十分に取れているのか？」「みなさんは祖父母とどのようにコミュニケーションを取っていますか？」「現時点で可能なアプローチはどのようなものか？」

――10分ほどして，ALコーチが再び介入

AL：問題提示者が抱える問題は何だと考えられますか？ 紙に書いてください

――３分ほどの間に各自が考えたことを紙に書き問題提示者から順番に発表

「コミュニケーションが十分ではないことが問

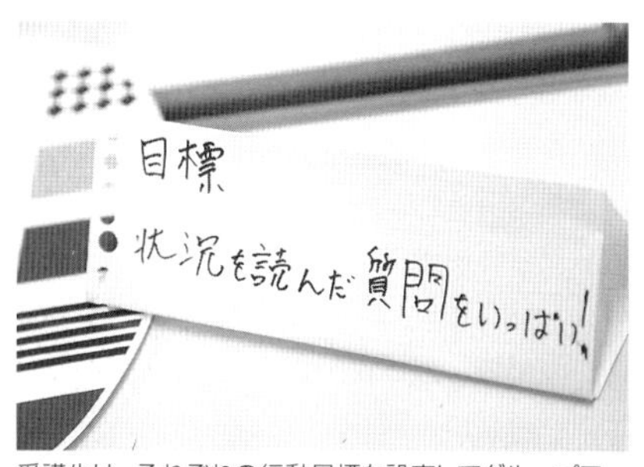

受講生は，それぞれの行動目標を設定してグループワークに臨む

会議は「質問とその答え」だけで進める

題」「祖母との対話が不十分で祖母の意思が明確でないことが問題」「祖母との会話が不足していることが問題「祖母へのアプローチが足りていないことが問題」「コミュニケーションをどうとればいいのか曖昧であることが問題」

――ALコーチが問題提示者に問題の再定義を促す

AL：メンバーの発表をふまえたうえで改めて問題を再定義してください

――問題提示者が再定義を発表

「祖母とのコミュニケーションが不足しているうえに，どうコミュニケーションをとればいいのかわからないことが問題」

――ALコーチがメンバーの賛否を問う

AL：この再定義について同意か不同意でお答えください

「同意」「同意」「同意」……（結果として全員）

――再定義された問題に対して行動計画の策定に移る

AL：では，アクションプラン（行動計画）の策定に移ります。できるだけ具体的なアクションプランを立てるために質問を始めてください

「現在おこなっていることを教えてもらえますか？」「次に祖母とコミュニケーションをとる予定はいつですか？」「どんなコミュニケーションが理想だと考えていますか？」

――最後に問題提示者がアクションプランを発表

AL：それではアクションプランを発表してもらえますか

①来月の祖母の誕生日に直接会いに行って話をする

②祖母と一緒に暮らしていた小さい頃の写真を探して詳しく話を聞く！

「まずは，①②をしてコミュニケーションの機会をつくろうと考えています」

※この後，メンバー一人ひとりの会議への参加の仕方とリーダーシップ発揮について振り返りをおこなったが，ここでは省略する。

CaseStudy

学生たちがおこなう普通のディスカッションと比べながら，「質問会議」特有の現象をみていこう。

①メンバー一人ひとりの発言量が均等に近い
特定の人が多くの発言をするのではなく，メンバー全員が発言している。

②課題の再定義がおこなわれる
前半のセッションが終わったところで「何が課題なのか」を考え直す時間を設けている。個人で考え，グループでシェアするというステップを踏み，相当な時間をかけ，メンバー全員が「同意」できる「再定義」がおこなわれる。このことによって上記ケースでは，「祖母を施設に入れるか悩んでいる」という問題が「(祖母との）コミュニケーションが不足しているうえに，どうコミュニケーションをとればいいのかわからない」という問題に再定義された。

③議論の進め方についてALコーチは必要に応じて介入するが，その介入の仕方も「質問形式」でおこなう
「会議の雰囲気はどうですか？」と問いかける。
質問者の話が長くなりそうな場合には「要はどういうご質問ですか？」と尋ねる。
問題提示者に対する質問ばかりが集中しているようであれば「『だれでも，だれに対してでも質問できる』というルールは活用されていますか？」と尋ねる。

④参加者が真剣に議論に参加している
グループワークの45分間を通して，メンバー全員が積極的に議論に参加し，何が真の問題なのかを，みんなが考え，探り出そうとしている様子が伺える。

⑤課題，再定義，行動目標のいずれも，問題提示者から出ている
「祖母を施設に入れるか迷っている」という課題が「祖母とのコミュニケーションが足りない，仕方がわからない」という課題に再定義され，その解決のための行動目標が「来週行ってみる」となっているが，いずれも，最終的に課題提示者本人が考えて導き出している。

この日，各グループで話し合われていたその他の課題は「サークルのまとまりが悪い」「バイト先で上司とうまくいかない」「自分に自信が持てない。8月病になりそう」など，多くの学生たちが日頃直面するようなテーマばかりだったこともあってか，議論は大いに盛り上がった。

学生たちの気づき

セッション終了後の受講生たちの表情は明るくなったように思える。LD生は，ほとんどがこの日大隈塾生と初対面だったわけだが，「はじめての人が相手でも『質問会議』の手法でやれる！」という手ごたえをつかんでいるようだ。一方大隈塾生にとっても，予想外の発見があったようだ。授業後のインタビューと振り返りシートから，学生たちの気づきを拾ってみよう。

「今までの話し合いは各々が自分の意見を言って，相手を納得させるか，だれかが妥協することが多かった。しかし，質問の形式でやっていくことで，全員が納得できる着地点により近づける気がする。話し合いの場で使っ

ていきたい」（法学部）

「たとえば通常のディスカッションで，ある問題について話し合う際に，発言力のある人が発言したことが，実際はそうでなくても，あたかも問題の核心であるかのように話が進んでしまうことがあります」（人間社会科学部）

「大隈塾の従来のグループワークは大声選手権のようだ」という学生もいた。リーダーシップを発揮しようとするあまり，あるいは，リーダーとしての自覚があるからこそのことなのかもしれないが，発言力のある一部のメンバーが主導権を握って議論を進めていくという場面に出くわすことが多いのだという。一方で，早稲田大学といえどもそういう学生ばかりではないということもわかった。

「いつもなかなかいい考えが浮かばなくて意見を言うことができないのですが，質問ならできると思いました」と文学部の女子学生が言い，「その質問で解決策が見えていったりするところがすごい」と別の女子学生（文学部）が賛同する。

理系の学生からも興味深い感想が聞けた。

「理系の分野では，知識がなければ発言権がないようなものなのですが，質問という形で議論に参加できるというのは，理系の演習科目でもすごく使えると思いました」

所属学部もさまざまだが，だれもが均等に発言する機会をもてるのが「質問会議」のメリット

優秀な学生が集まっているからこそ，その中で自信をなくしてしまったり，劣等感を持ってしまったりする学生もいる。そういう学生にとって，『質問会議』は絶好のツールだったのかもしれない。

今回は大隈塾の受講生とのジョイントセッションだったが，『リーダーシップ開発』のクラスではこの他にも，大学職員を招いてのセッションなどもおこなっている。また，ボランティア活動グループ，国際交流活動グループなど，学内のみならず学外の活動においてリーダー的なポジションで活躍する機会の多い早大生だけに，リーダーシップの発揮の仕方についての新たな発見は，彼らの行動を変えていくきっかけになるかもしれない。

1 人を活かさざるを得ないトレーニング

1.1 LDPの概要

研究編にも書いたように，筆者が，立教大学における11年間のリーダーシップ教育の経験をふまえ，早稲田大学でリーダーシップ教育の正課科目を開講したのは2016年４月のことである。条件はいろいろと違うものの，早稲田大学においても，立教大学の全学向け科目GLP（全学向け）とほぼ同じコンテンツで進行できると考えていた。ところが，授業を進めていくうちに，学生のなかから，我々が予想していなかった反応がでてきたために，早稲田大学の学生や教育環境，カリキュラム体系に合わせて，改変を加え，2017年度は，LD1，LD2，LD3，LD4，「他者のリーダーシップ開発」という科目のラインアップで開講した（**図8-1**）。LD1は企業との連携によるPBL，LD2は質問会議，LD3は論理思考，LD4はインターンシップ型PBLである。「他者のリーダーシップ開発」については，後述する。

ここからは，早稲田大学ならではの学生の反応と，それにどのような対応をしているかを述べていきたいと思う。

1.2 グループワークで「論破」しようとする学生の存在

1年目のLD1でグループワークをはじめたときに，まず目についたのは論破によって主導権を獲得しようとする学生の存在である。たとえば，企業への企画提案を作るグループプロジェクトで「何について提案するか」という基本方針の決定は重要な論点であるが，論破型の学生が，メンバーの持ってくる提案を片っ端から論破することに時間を費やし，おかげで授業中は提案作りの作業がまったく進まないということもあった。その議論に６週間の持ち時間のうち５週間をつぎ込んでしまったために，やむなく授業時間外で一部メンバーが自

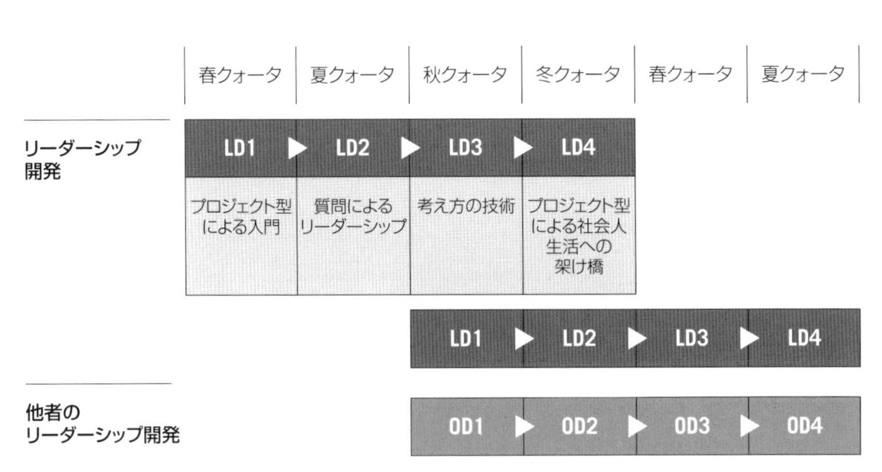

図8-1 早稲田大学におけるリーダーシップ開発科目

発的に練っていた提案を本番に提示して何とか間に合わせるというようなことが起こる。その結果，早めに方向性を絞って提案を磨いてきた他のチームにコンペで惨敗してしまうのだ。しかも，「論破」に専念してきた当人は責任を感じるわけでもなく，ひどい場合は，コンペの本番に欠席することすらあった。

こうした一種のマウンティングは立教大学ではほとんど見受けなかった現象である。なぜ批判や論破がおこなわれるかであるが，どうやら，リーダーシップをとるためには他者に対する優越性を示さなくてはいけないと思い込んでいるためのようである。リーダーシップとは，他者を圧倒すること，すなわちドミナンスと捉えているのだ。

さらに，上記のような「論破好き」の学生が非常に苦手とするのが「周囲に支援を求めること」である。周囲に支援を求めたら，それは負けを認めることであると思い込んでいるふしがある。つまり彼らは，自分の優越性を示したうえで号令をする従来型のリーダーシップを取ることはできるかもしれないが，メンバーの力を活かして成果を上げるようなリーダーシップを取る準備ができていないのである。

このようにマウンティングをしようとする学生たちだけが問題なのではない。早稲田大学の学生には高校時代まではリーダー的な役割を果たしていた人も多いと思われるが，そういう学生たちでも，このような主導権争いに勝てないと判断した場合にはすっかり受け身になってしまうことも珍しくない。つまり，受け身になってしまう学生も，従来型のリーダーやリーダーシップのイメージに縛られているといえる。

1.3 制約をかけることでリーダーシップを伸ばす

他方で，もう1つ興味深い発見があった。2016年度に，PBL型のLD1を受講した学生のうち，次のLD2を受けてから次のPBL科目（当時はLD3）に進んだ学生と，LD2をスキップして秋のPBLに進んだ学生との間で，かなりはっきりした行動の違いがあることである※1。LD2とは本章冒頭のコラムFront Lineで示した「質問会議」のスキルを身につける授業のことである。

これは「質問からしか始められない」という一見，奇妙で不便な制約による効果だと考えている。Front Lineでの事例にも表れているように，「質問会議」は，通常のディスカッションよりも発言する人の分布を幅広くする効果がある。多くの人の参画を促すのである。普通ならディスカッションの時間の大半を話すことになる「言いたがり」「論破好き」の学生に質問会議は強力な制約をかける。彼らは自分の優位性を示したいと考えれば，「よい質問」をすることに向かうことになる。しかしよい質問はだいたい短いものであり，またそれは他の人からよい発言を引き出す。フラストレーションのなかで，彼らは徐々に，これが違うタイプの競争であることに気がつくようである。つまり，一番よい意見を言った者が優れているのではなく，一番よい質問を適切な相手にした者が優れているのだということ，他者のよい発言を引き出し，他者を活かす競争だということである。一方，アイデアを思いつけない人でも，質問は思いつけることがある。質問会議では「素朴な質問」が歓迎されるので，なおさらである。こういったことが，より多くのメンバーの参画を促すことになる。

※1 2016年度だけはLD3でもPBLをおこなっていたが，17年度は論理思考（考える技術）に変更した。また，当初からLD1をスキップすることはできないように規定されている（先修規定）が，LD2以降はその限りでない。

質問会議にはすべてのメンバーが他者の話を傾聴するようになるという効果もある。議論を前に進めることができるようなよい質問をするには，より熱心に相手の言うことを聴く必要があるからだ。

この「聞くこと」への集中，すなわち傾聴は，質問会議のハイライトである「問題の再定義」からも起きる。質問会議では，問題の解決に進む前に「問題を再定義」することに時間をかける。問題提示者にとって真の問題は何なのか。最初に提示したことが問題のようでいて，実はそうではないことに気づかされることがとても多い。本章冒頭の授業レポートにもあったように「祖母を施設に入れようかと悩んでいる」という問題が，質問会議によって「祖母とのコミュニケーションをとる方法の問題」へと再定義された例もそれである。本当の問題は何であるかを見極めようと，みんな注意深く聞くことによって，問題の本質が見えてくる。そしてこのプロセスは前述の「目標共有」とつながる。問題提示者が本当に解決したい問題について合意することが，問題解決という目標の達成に不可欠だからである。

もう1つ，「リーダーシップはドミナンスである」的な発想からの脱却に効くのが「議論の仕方を検討する」ことである。質問会議ではしばしば「今，チームはどんな感じですか？」という質問がALコーチから投げかけられる。これは解決策が出たかというよりも「よいディスカッションができているか？」という意味の問いであり，そのうえで「では，どう変えるとよいと思いますか？」という次の質問につながっている。つまり，チームの運営の仕方をよくするために，だれもが意見を言って影響を与えられることを明確にしている。最後の振り返りの中で「今日よかったことは？ 次はどう変えたいですか？」と聞かれるのも，同じ趣旨である。

質問会議の成果としてもう1つあげると，「人は自分で出した結論は真の意味で受け入れる」ということを実感する体験がある。たとえば問題提示者が最初に提示した問題は「後輩が指示に従わない」ということだったとしよう。そこで実は真の問題は問題提示者の後輩に対する指示の仕方だったとする。これを他の人から指摘されると，なかなか素直に受け入れられない。しかし質問されながら考えるうちに問題提示者本人が「自分の指示の仕方が悪かったのかな？」と気づくと腑に落ちて，受け入れられる可能性はかなり高くなる。

質問会議のセッションの中で，そのような「みずからの気づきの大切さ」を何度も見ていると「リーダーは人に指示してやらせる」と思っていた人も考えが少しずつ変わってくる。「やるべきことはダイレクトに指示してしまった方が手っ取り早いと思っていたが，本人みずからが気づくようにした方が真の結果が出るのかもしれない」と考え始める。さらには，どう指示するかだれにも正解がわかっていないときですら，結局は本人の気づきに委ねたほうがいいと言う可能性にも目覚めるのである。

2 公式リーダーのリーダーシップ

以上，早稲田大学での取り組みを例に，公式リーダー候補のためのリーダーシップ教育について考えてきた。すべての人のリーダーシップ発揮が求められる時代には，公式リーダーも変わる必要がある。まず，1人で決めて号令するようなやり方から，メンバーそれぞれが最適な形でリーダーシップを発揮できるように「環境を整える」ように変わるべきだろう。そのために必要なのは，注意深い観察や傾聴からメンバーの特性をつかむことや，質問等でメンバーの持っているものを引き出すこと，また議論の仕方などプロセスに注意を払って改善していくことなどである。

また，命令や力で人を動かすのではなく，納得や共感で人を巻き込むように変わる必要がある。命令や論破では，人が主体的に動く可能性は低い。一方で，メンバーがみずから答えにたどり着くようなプロセスを取ったり，相手の心が動くメカニズムを押さえてコミュニケーションしたりすることで，時間はかかっても人が主体的に動き出す可能性が高まる。

公式リーダー候補を自認するような学生たちは，人に支援を求めることがあまり得意ではないことが珍しくない。だが，周囲に支援を求めた方が，周囲がリーダーシップを発揮して，1人で引っ張るよりも大きな結果を出せる可能性がある。とりわけ共感されるようなビジョンとそれに対する強い想いを持って

いて，実現には周りの力が必要なことを伝えられると，多くの人を，より強く巻き込める。

リーダー候補の学生たちを上記のような「巻き込み型リーダー」に育てるやり方としては，あえて彼らの定石を封じる一方，新しいやり方に誘導するような手法が効果を持ちそうである。この章で取りあげた質問会議はその１つである。

第9章 高校でのリーダーシップ教育導入

高橋俊之

【事例】東京都立駒場高等学校，私立淑徳与野高等学校

大学が，社会に出る直前の教育機関であること，ビジネス界ではいまや，自分で考え，主体的に動き，周りを巻き込むよう求められることなどから，大学でリーダーシップ教育をおこなうことへの異論はあまり聞かれない。一方，高校においては，リーダーシップ教育に一定の価値は認めても，「受験を考えると，学業以外に時間とエネルギーを割くのは厳しい」と言われることが多い。また，授業や課外活動において「規律」や「秩序」が重視されるためか，学級委員やキャプテンなど，権限や役職によるリーダーの役割は語られても，すべての人がリーダーシップを発揮する方向に進むことには，しばしば躊躇が感じられる。

しかし，ここまで見てきてわかるように，リーダーシップ教育は，生徒たちの主体性を高め，考える力や表現する力を伸ばすことを意味する。高校生たちがそのような力を身につけていくということは，アクティブラーニングによる主体的な学びや，教科の壁を越えた複合的な学びの推進など，学力面への好影響にもつながる。

また，リーダーシップ教育は，必ずしも専用の授業時間を作る必要はなく，普段の授業の中や，クラブ活動，学校行事などのやり方を工夫することでおこなえる。

本章では，東京都立駒場高等学校と私立淑徳与野中学・高等学校における事例を見ながら，高校におけるリーダーシップ教育の方法をさらに考えていく。

Front Line
「家庭科」におけるリーダーシップ教育

東京都立駒場高等学校

（取材・文／小河原裕一）

都立駒場高校は，普通科と保健体育科を併設しながら，高い大学進学実績を残す進学校だ。教育の特徴として“「ハイレベルの文武両道の進学校」として，生徒一人ひとりが，意欲的に「学習」と「クラブ活動・学校行事」の両面に励み，「高い学力」と「豊かな人間性」をしっかりと身につけ，みずからの進路実現に向けて積極的に取り組むことができる”ことをうたっている。

木村先生は，普通科2年生8クラス（2017年度）と保健体育科1年生1クラスのすべての家庭科の授業を1人で担当しており，年間35週・72コマの授業のカリキュラムに，リーダーシップ教育を組み込んでいる（**表9-1**）。

第2章では，通常の授業の中でリーダーシップ教育をおこなう事例として，この中の2学期におこなわれている「ミッションワーク」を紹介したが，ここでは，6月に組みこまれている「リーダーシップとは何か」という授業の様子を紹介しよう。この授業の内容は，東京都教育委員会の設定科目である「人間と社会」の第7章をアレンジして活用している。

駒場高校は，普通科と保健体育科を併設しながら，高い大学進学実績を残す進学校だ

表9-1 家庭科の年間授業計画

	家庭科の授業テーマ	授業内容とリーダーシップ教育
1学期	・オリエンテーション ～自分の未来を考える ・青年期の自立と家族 ・住生活と自立	・100歳までの自分の未来を考えることから入り，自分が生活の当事者である意識を持たせる。 ・教科の知識と関連させながらグループワークをおこない，協働することの大切さを体験させる。 ・リーダシップ教育の第1弾「リーダーシップとは何か」（6月）
2学期	・食生活と自立 ～調理実習含む ・消費生活と経済	・ミッションワーク（本書第2章参照）：課題の指示は最小限にしてチームで考えるので，リーダーシップの学習になる。 ・調理実習では，リーダーシップを発揮した共同作業を体験させる。
3学期	・子どもの発達と保育 ・ライフスタイルと環境	・講義形式の授業はおこなわず，グループワークで学習を進める。 ・個人ベースでは，社会がかかえる課題に対して，自分はどのように考え，行動して行くかについて小論文を書かせる。

CaseStudy
リーダーシップとは何か

最初にワークシートが配られる。シートの冒頭に今日の授業の目的が書かれている。

「家庭科では，持続可能な社会を目指してライフスタイルを工夫し，主体的に行動できる力を養っていきます。そこで，本日の授業は主体的に行動することをアシストしてくれるリーダーシップについて考えてみましょう」

個人ワーク

まず，その日のテーマについて個人で考える。「チーム活動で発揮するリーダーシップとは，どういうことなのか？」という設問に，それぞれが持つ「リーダー像」を書き込む。

この段階ではまだ従来型の「1人で引っ張る人」のイメージが強い（**表9-2**）。

ワーク1 「ペーパータワー」

〈設問〉20枚のB5判の紙をつかって，できるだけ高いタワーを作ろう！

ゲーム感覚で楽しく取り組める共同作業で，「グループにおける個人の役割を考える」というこの日の目的を意識したアイスブレイクだ。

グループワークに入る前に，各自が「班への貢献目標」をワークシートに書き込む。

「はい，スタート」と先生の合図。制限時間は5分。

蛇腹に折ったり，三角柱を作ったりと，各グループで工夫しながら紙を積み上げていく。みんなでアイデアを出し合うチーム。人それぞれに試行錯誤するチーム。調子よく積み上げていったと思ったら，途中で倒れてしまうチーム……。

「土台が斜めだと，高くならない」「下の方をもっと大きくしようよ」「きっちり折らないと曲がるよ」「どの方法で高くするか，決めようぜ」……。

試行錯誤が続く中，あっという間に5分がたち，和やかな雰囲気でワーク終了。一番高く積み上げたチーム，一番美しく積み上げたチーム（主観）を木村先生が発表すると，いっせいに歓声が上がる。ゲーム感覚で取り組めるワークを使って，本気を引き出すことがおこなわれている。拍手が収まったところですぐに「振り返り」だ。

「うまくいったチームは，どうしてうまくいったと思う？」「逆に，失敗したのはなぜだろう？」「もう一度やるとしたら，どんなとこ

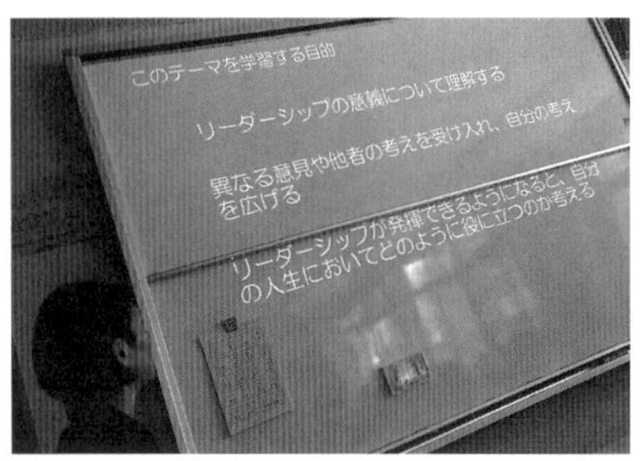

授業の目的を確認する

ゲーム形式でリーダーシップを学ぶ「ペーパータワー」

ろに注意する？」

木村先生の問いかけをヒントに，「どうすればチームの力を引き出せるか？」を各自ワークシートに書き込み，さらにグループ内で話し合い，最後はクラスで共有する。

「目標設定」→「ワーク」→「振り返り」という学習サイクルは，木村先生の授業ではあたり前のことになっており，2分，3分，5分という細切れの時間で，さまざまな作業が小気味よく進んでいく。

家庭科の授業は2コマ連続してあり，時間にゆとりがあるのでワークショップには適している。この日はこの後2つの事例についてグループディスカッションがおこなわれたが，ここではその1つを紹介しよう。先に紹介した「人間と社会」の教科書でも取りあげられているケースワークだ。

ワーク2 「会社のプロジェクトチーム」

〈設問〉25歳の社会人Aさんは，会社で営業担当として働いています。あるプロジェクトチームのメンバーになりましたが，思うように仕事が進みません。そのため，期限までに仕事を終わらせることが難しくなってきています。上司への提案は，ことごとく却下されています。プロジェクトの責任者を含めメンバーの社員たちは最近ため息ばかりついて元気がなくなってきています。あなたがAさんなら，このプロジェクトチームのためにどのように行動しますか？

個人で考え，グループ内共有したことをクラスで発表

〈選択肢〉

①メンバーの愚痴を聞き，一緒に頑張ろうと励ます

②早めに会社に行き，メンバーが仕事をしやすいように自分ができることはやっておく

③思うように仕事が進んでいない理由を話し合う場を作り，プロジェクトの目的を再確認する

④仕事が円滑に進むように，責任者に自分の考えた解決策を提案しにいく

これも，個人ワーク→グループワーク→クラス共有と進む。

まず，自分がどれを選ぶか決めてその理由をワークシートに記入。

次に，同じ答えの人が集まってグループを作り，それぞれの考えを共有する。

もちろんどれが正解というわけではない。

題材は「企業」なので，生徒たちの日常とは縁遠い設定なのだが，そのほうが，どんな行動が組織にどんな影響を与えるかをシンプルに考えられる。そこで考えたことを，クラブ活動や学校行事などに活かすほうが効果的なのだと木村先生は言う。

個人ワーク

このワークの振り返りを済ませた後，授業の始めにワークシートに書いた「チーム活動で発揮するリーダーシップとは，どういうことなのか？」という設問に，再度答える。

全員がリーダーシップを発揮するようなも

表9-2 リーダーシップに対する考えの変化

〈設問〉「チーム活動で発揮するリーダーシップとは，どういうことなのか？」に対する回答例	
授業前	授業後
・チーム全体を引っ張っていく力 ・みんなの気持ちをまとめる人 ・率先して行動できる人	・チームに何が必要か考え，意見を聞き，同時に主張できること ・先頭に立つだけでなく，人と協力して，みんなの力を引き出すこと ・1つのことを，多面的にみて，ベストな選択肢を見つけ出すこと

のが増えた。授業のはじめに書いた内容と，授業の最後に書いた内容の違いが，体験の中から自分でつかんでいる（表9-2）。

2時間のワークの中で，生徒会長やクラブの部長が発揮するのがリーダーシップであると考えていた生徒たちが，「自分にも発揮すべきリーダーシップがある」と気づく。

生徒たちがリーダーシップのスキルを少しずつ身につけ，自分の強みや役割を理解し，それぞれのリーダーシップを意識しながら行動できるようになると，授業はきわめてスムーズに進むようになるという。

第2章で紹介した栄養に関するテーマ学習や，調理実習などもその例だ。最小限の条件提示で，グループワークをさせると，教科の理解促進とリーダーシップ教育が相乗効果を生むようになる。今まで調理実習の説明は授業時間内におこなっていたが，それをやめ，実習説明動画をユーチューブにアップしたところ，実習中もその動画を確認しながら作業ができるので教師依存性が下がり，自立性が高まった。さらに動画を見ながら教え合う場面も多くなった。学習者としての自立を促すことが，リーダーシップを発揮できる下地作りにつながる。そして，生徒一人ひとりがリーダーシップを発揮すればするほど，授業の理解度も深まっていくのだ。

3学期，教科書は保育分野に入るが，そのころにはもう，木村先生はほとんど「講義」をしない。生徒たちが自分たちで授業内容を考え，グループワークをおこなっていく。子どもを取り巻く環境等を学習しながら，自分，地域，日本，世界の課題を発見し，課題への深いアプローチを促し，その課題に対して，自分はどのように考え，行動していくか――。最終的には，それを各自が小論文にまとめる。毎回の授業ごとに書かせていたワークシートと合わせると，生徒一人ひとりの，家庭科とリーダーシップのポートフォリオが完成する。

「自分の人生は，自分の力でよりよくできる。さらに，他者の幸せは自分の幸せでもある」という実感を持ってほしいと木村先生は言う。都立駒場高校の生徒たちは，リーダーシップ教育の有無にかかわらず，ほとんどの生徒が，自分自身が納得できる進学先に進んでいる。しかし，いつか，彼らが，何か挑戦したいことを見つけたり，逆に大きな困難にぶつかったりしたとき，目標に向かってだれかと協働しながら主体的に行動できるリーダーシップの大切さを知っていることが役立つはずだ，と木村先生は考えている。

Front Line
キャリア教育とリーダーシップ

私立淑徳与野中学・高等学校　（取材・文／小河原裕一）

序章，第2章で剣道部の活動を紹介した私立淑徳与野中学・高等学校は，キャリア教育の充実やアクティブラーニングの積極的な導入など，これからの時代に相応しい学校教育を目指して改革を進めている。本書編著者の立教大学高橋俊之特任准教授は2013年からリーダーシップ教育の手法を活かしながらそのいくつかのプロジェクトに関わっており，2017年度からは教育顧問を務めている。

学校が教育改革に取り組もうとしたきっかけは，大学入試改革にある。

同校は，中高一貫クラスが3クラス，高校からの入学者が6クラス。高校の1学年は約400名で，卒業生のほとんどが現役で4年制大学に進学する，埼玉県内でも有数の進学校だ。平日の放課後や土曜日はもちろん，夏季・冬季・春季休暇中にも進学講座を開講し，予備校や塾に行かなくても大学進学の準備ができることを教育の特徴としてうたっている。先生たちの指導も熱心で，一人ひとりの生徒に丁寧に対応することで進学実績を伸ばしてきた実績もあり，生徒や保護者からも，親身な指導に対する満足度は高い。しかし，そのような手厚いサポートは，時として生徒たちを受け身の姿勢にさせる。「現役合格」を目指していながらも，「やりたいことがあるから，浪人してでもそれを実現できる大学へ行くんだ」というたくましさ，高い目標を掲げ，主体的に自分の道を切り拓いていけるような強さを身につけてほしいという想いも，学校側にはあった。

同じ時期に出てきたのが，文部科学省の教育改革の論議だ。「生きる力」を伸ばし，「思考力・判断力・表現力を育てること」の重要性が叫ばれ，ICT利用，体験学習，アクティブラーニングなど，高校の教育現場にさまざまな教育手法の導入が不可欠になった。

そこで，先生たちによるプロジェクトチームを設置したり，外部の研修会に参加したりして，淑徳与野独自のキャリア教育システムを作り上げる作業を続けてきた。

その結果，2017年に生徒たちが主体的に人生を切り拓き，リーダーシップを発揮して社会に貢献できるような人材となるために必要な「5つの力」を設定した。

①主体的に動く力，②人と向き合う力，③考える力，④世界から読み取る力，⑤自己分析力

しかし，これらを身につけるための時間を新たに設定したり，プログラムを取り入れたりしている余裕はない。そこで，この5つの力を身につけていけるように，現在おこなっている行事やプロジェクトを少しずつ改善していくことにした。

たとえば，一つひとつ独立しているプログラムの関連性を意識するようにした。1年生のオリエンテーション研修として位置づけられている『山の教室』で，自分の経験や夢を友だちと共有する『インパクト体験棚卸し』のワークショップを導入。ここで同級生たちと共有した，「応援したい人」や「実現したい社会」への思いは，その後のさまざまな取り

5つの力 淑徳与野生が身につける5つの力
主体的に人生を切り拓き，リーダーシップを発揮できる女性を目指して

主体的に動く力	発言力・推進力 —— 自分が動き発信し周囲をも動かしていく
人と向き合う力	共同構築力 —— 人や社会とつながり支える
考える力	問題を発見し解決の道筋を探求する
世界から読み取る力	学問領域横断力 —— 多様な知を結びつけて学ぶ
自己分析力	強み弱み，共感・理想・願い，客観的に自分を見ることができる

図9-1 5つの力

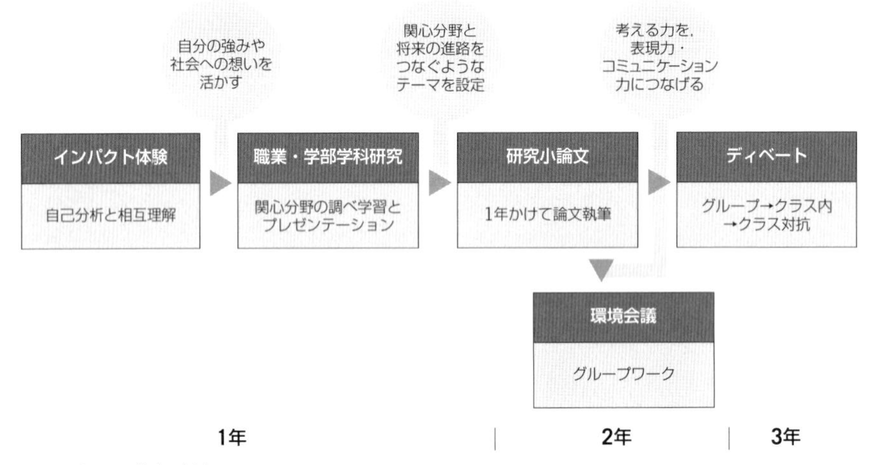

図9-2 キャリア教育の流れ
2017年度キャリア教育計画より抜粋。もともと独立していた取り組みに関連性を持たせるようになった。

組みにつながっていく。

従来から総合学習の時間におこなっていた「職業・学部学科研究」は，インパクト体験の自己分析結果とのつながりを考えながら，研究分野を決めるようにした。そのことによって，以前からおこなっていた高校2年生の「研究小論文」も，自分の進路を前提としたテーマ設定をする生徒が増えた。さらに，2016年には，高校2年生の総合学習の時間に「淑与野環境会議」と題したグループワークを実施した。これは，関心のある学問分野と環境問題を結びつけることで，生徒たちが広く世界に目を向け，みずから課題を見つけ出し，自分の好きな分野で解決を図ろうという取り組みだ。

クラブ活動やイベントなどの運営も，いかに生徒たちのリーダーシップを発揮させるかを考えた。たとえば，文化祭は最大のイベントで，委員会，担当，クラス，クラブなど50を超えるグループが活動するが，その一つひとつが「文化祭を成功させるため」だけではなく，「生徒たちのリーダーシップを開発するため」のものであることを意識させることで，行動目標を設定したり，開催後の振り返りをおこなったりと，少しずつリーダーシップ行動が見られるようになった。また，今年で20年目を迎えたアメリカ修学旅行は，現地提携校での交換会やホームステイ，グローバル企業や行政施設・文化施設などを訪問するテーマ別研修など，盛りだくさんのプログラムが組み込まれているが，これらの事前学習や準備期間にグループワークを取り入れ，オリエンテーションから旅行後の振り返りワークまで，半年を越える長期プロジェクトになり，

「インパクト体験棚卸し」ワークショップ

「主体的に行動する修学旅行」として進化している。

淑徳与野中学・高等学校は，2017年から『動き出せ！ 私の未来。』というキャッチフレーズを掲げた。自分の未来を，自分の手で掴み取るために，今，行動することが大切だという想いが込められている。

「道半ば。まだまだこれから変わっていかなければなりません」

中心となって改革を進めてきた副校長の黒田貴先生が目指すのは，自然にリーダーシップが生まれる「リーダーシップ・エコシステム」だ。

「高校入学時点で，好奇心があり，主体的に動けて，みずからの力で道を切り拓いていけるような生徒であれば，それはすばらしいことです。しかし，本校は，やる気はあるのに，もう一歩が踏み出せないという生徒でも，その背中を押して，前進させることが得意な学校でありたいと考えています。それも，手取り足取り教えるのではなく，生徒たちがみずから行動し，みずから学ぶことで成長していけるような，リーダーシップ育成環境を作っていきます」

1 リーダーシップ教育をどう組み込むか

駒場高校木村先生の家庭科の授業と，淑徳与野高校のキャリア教育を見ると，通常の授業や行事に工夫を加えることでリーダーシップ教育もおこなえることがわかる。この節では，第1章で述べたリーダーシップを発揮するために必要な4つの要素がこの2つの事例でどのように高められているかを見て，このことを確認していく。

1.1 リーダーシップの基礎理解

序章および本章冒頭のFront Line内の授業レポートにあったように，駒場高校の家庭科の授業では「人間と社会」の教科書を活用しながらリーダーシップの学習を授業の一部に組み込んでいる。この部分は，通常の授業にリーダーシップ教育を組み込むための，いわばオリエンテーションになる。これによりリーダーシップについての知識を習得するとともに，実際に使えるものにしている。

授業ではいったん生徒たちに「リーダーのイメージ」を尋ねたうえでアクティビティ（ペーパータワー）に進み，課題（会社のプロジェクトチーム）を経て，まとめ・振り返りをおこなっている。この中で生徒たちは体験をふまえて，「すべての人がリーダーシップを取りうる」こと，それには「いろいろなやり方がある」ことをつかむように設計されている。

一方，淑徳与野高校では，これまでは「リーダーシップ」という言葉をあまり使っていない。これはリーダーシップという言葉の従来のイメージを払拭するには時間がかかること，進学校として受験への効果が見えてからの方が使いやすいことなどから，「実（じつ）」を取ったためである。主体性を求める機会は増やしており，さまざまな取り組みの成果を上げるためにおこなっている指導はリーダーシップ教育と同じ効果を狙っている。

たとえば演劇部では秋の大会へのオーディションをおこなうにあたり，そのやり方から話し合うことにした。2年生たちは代替わりしたばかりで議論に慣れておらず，感情やプライドに左右されて建設的な結果が出せない状態にあった。そこで顧問の先生はこの機会を活用しようと考えた。具体的にはまずオーディションにおいて何を重視するかを話し合わせた（目標設定・共有）。その結果，彼女たちが出した結論は「公平さ」だ。それがクリアになると，オーディションの方法もスムーズに決まり，その結果についても皆すっきりした表情で「この方法はいい」と言っていたという。顧問の先生によれば，彼女たちが決めたオーディション方法は「普通」だった。しかし，以前は上級生のみに決定権があるなどいくつかの面で「公平」ではなかった。公平さが自分たちにとって一番大事であることを確認したうえで，それに合った方法を自分たちで決められたことで，「目標共有が大事である」というリーダーシップについての学びを実践から得たと言える。

1.2 専門知識・スキル

駒場高校木村先生の授業では，論理的な思考やコミュニケーションといったリーダーシップに不可欠なスキルの強化が絶えまなくおこなわれている。たとえば第2章でも紹介したように，班ごとの発表は「論理的」「わかりやすさ」「調べの深さ」「発表の完成度」「発表態度」の5つの項目で評価される。しかもその評価は生徒たちもおこなう。そして木村先生はとりわけ「わかりやすさ」「伝わりやすさ」にこだわる。その理由について木村先生は「リーダーシップを発揮するためには，まず自分のやりたいこと，自分の意見や思いを相手に論理的に伝えられることが第一歩だと考えるから」と語る。ここで，これらに時間を割くことは，知識の習得が特に求められる科目においては難しいという反論があるかもしれない。それについては後で述べたい。

淑徳与野高校では，考える力やコミュニケーション力の強化が学校生活全般に広がっている。これらを狙って授業へのアクティブラーニング導入が進んでいるのももちろんだが，それだけではない。

たとえば前述のアメリカ修学旅行において，現地提携校との交歓会における出し物は，以前からクラスごとに生徒たちが決めていたが，歌やダンスが定番だった。しかし，近年は「アメリカの高校生たちが本当に知りたいことは何だろう？」「日本のどんなところに興味があるのだろう？」と考えるようになった。その結果，折り紙を教えたり，一緒に盆踊りを踊ったりといった現地生徒との協働ワークや，日本の高校生活などを紹介するプレゼンテーションが増えている。これは「目的を押さえる」という思考の基本や「相手目線を考える」というコミュニケーションの基本を考えさせる狙いを持っている。

1.3 自己理解

駒場高校木村先生の授業において「自己を知ること」は，フィードバックを通しておこなわれる。木村先生によれば，生徒たちは友人からどう見られているかを「想像している」だけで，実際にフィードバックを受ける機会は少ない。相手のことを思ってアドバイスをしてくれるのは，気心の知れた親友ぐらいに限られるだろう。しかし家庭科の授業中ではいろいろなクラスメートから賞賛の言葉や改善点のアドバイスなどが具体的に寄せられる。その中で，各自が自分の強みや，強みを活かすために改善すべきことをつかんでいく。それはリーダーシップのみならずアイデンティティの確立につながると木村先生は言う。

淑徳与野高校では，自己を知ることがキャリア教育の起点になっている。前述のように「インパクト体験棚卸し」が，高校のオリエンテーション研修である「山の教室」に組み込まれている。インパクト体験の運営方式および効果は第5章で述べた大学でのケースとかなり重なるが，とりわけ同校で強く見られることがあった。まずは生の感想を少しあげてみる。

> 友だちの応援の言葉を読んで，自分はだれもが経験できるわけではない経験をしてこられたということがわかり，自分の強みになりました。自分の過去を振り返ることができ，自分で気づかないことを友だちに気づかせてもらうことができて，とてもよかったです。

> 正直，自分のクラス以外の人と関わる気がなかったので，最初はやる気が起きな

> かった。それでも，せっかくだからという気持ちで話し，２人の話に耳を傾けたところ，２人は自分とはまったく違う環境で，違う体験をしていて，驚いた。自分が人にあまり話さなかった，今までの人生で印象に残ったことを話したので，少しスッキリした気持ちになった。

> 改めて考えてみると，今までのどの経験にもムダだったことは１つもなく，その経験のおかげで今があると思いました。つらい経験や嫌なことも，未来の自分に活きていくと思い，これからも逃げずに頑張っていこうと思うことができました！

> 今回，インパクト体験で，まったく知らない人といきなり話すというものに始めは戸惑い，内心すごく焦っていましたが，それは相手の２人も同じだと会って感じて，それなら私から話して，２人の緊張を少しでもいいからほどいてみようかなと思い，自分から話し始められたことに自分で驚きました。

> 今回振り返ってみて，（自分は）インパクトのある体験が少ないと思いました。自分の夢につながることがあまりなく，残念でした。なので，これからは，過去を振り返ったときにあのときのあの体験が今につながっているんだと思えるような生活をしていきたいと思います。

ここからわかるのは，このワークのための自己開示をおこなうことで，自分を知ること以外に次のような効果が生まれていることである。

①思い切って自己開示して受け入れられ，自己開示に前向きになっている
②様々な人がいることを実感し，またそれを前向きに受け止めている
③今後の経験に対して少し前向きになっている

つまり「インパクト体験棚卸し」は，自己理解にもちろんつながるが，同時に経験学習への動機づけにもつながっているという見方ができる。

このような「インパクト体験棚卸し」の成果をふまえ，総合学習の時間で，「職業・学部学科研究」に取り組んでいく。さらに，論理思考力や表現力を養うために実施していた高校２年生の「研究小論文」においても，一連の経験をふまえて，自分の進路を前提としたテーマ設定をする生徒が増えた。

1.4 倫理性・市民性

リーダーシップ発揮のためのもう1つの要素は倫理性・市民性である。高校生には縁遠いことのようにも見えるが，木村先生の家庭科の授業や淑徳与野高校で見られる「自分たちで決める」「用意された正解ではなく自分の考えを問われる」ことは，市民性への重要な一歩である。

市民性を備えるとは，社会に対して主体的に関わっていくということである。しかし自分自身のことですら主体的になれない状態では社会に主体的に関わるのは難しいだろう。木村先生が言うように多くの生徒たちは中学まで枠にはめられて，決められたようにふるまうことや用意された正解を当てることを求められてきている。そこから徐々に「リハビリ」をして，まずは自分自身についての主体性を取り戻す。それと同時に，主体性の対象を「自分」から「自分たち」へと広げる。そして「自分たち」の大きさをだんだん広げていくことで市民性を高めていくことができるのではないか。

駒場高校の家庭科の授業では，まさにこのプロセスが起きている。各人が自分の人生を考えるところから授業は始まる。並行してグループワークが多くおこなわれ「自分たち」について決めることや，そのために各人が自分から動くことが求められる。第2章で取りあげた栄養についての発表授業では，担任の先生まで対象を広げて，何がよいと思うか自分たちの考えを出すようになった。そして3学期になると保育という内容を通して子どもについて，また親について考えるようになる。親と乳幼児のいわば中間にいる生徒たちにとって，思わず「主体的」に考えてしまうとてもよい題材である（そこまでの積み重ねがあってのことだが）。考える対象は子どもと親だけではない。子育てを取り巻く環境，ますます進む高齢化，まさに市民として生徒たちが直面する領域である。そういう意味で，リーダーシップに必要な市民性を高めるような授業が，家庭科の中で可能なことがわかる。

一方，淑徳与野高校の例が示す市民性の育て方は，まず「インパクト体験棚卸し」を通じて自分の経験の中にその種を探すというものだ。第5章で述べたように，その体験を通じて持つにいたった社会への想い，その想いを実現するために何が必要なのか，どんな仕事を通じて貢献できるかを考えてみることは，市民性の1つの育て方である。

もちろん生徒たちのそこまでの人生はたった十数年で，これからの体験の方が大きなインパクトを持つことも大いに考えられる。しかし現時点での自分と社会をつなぐうえでは，やはり自分自身の体験に裏打ちされて強い想いを持っていることからおこなうルートを使わずにおくのは惜しい。その体験を起点に職業研究をおこない，テーマそのものについても研究をおこなってみることで，社会に対する当事者意識を高めることができるのではないだろうか。そして将来は別の方向に進んだとしても，その方向に社会に対する当事者意識を活かしていくことができる。

淑徳与野高校の例が示すもう1つの市民性の育て方はグローバル体験の活用である。伝統のアメリカ修学旅行も前述のように，相手を知り，自分を伝えるためのプロジェクトになってきた。それ自体が新たなインパクト体験となって，生徒の社会との関わり方に影響を与える可能性もある。

なお，高校までの教育では，自主性・主体性を促進することが秩序の維持を難しくするのではないかという懸念を時に聞く。しかし倫理性・市民性をリーダーシップ教育の中で育むことで，真の秩序につなげられるのではないかと考える。

2 リーダーシップ教育を組み込むことで授業や行事の成果を高める

前節では，家庭科の授業や年間行事の枠組みの中でおこなわれていることが，リーダーシップ教育になっていることを見てきた。同じ家庭科の授業でも，修学旅行などの行事でも，やり方によってリーダーシップを大いに高めることができるということだ。一方，リーダーシップ教育（の考え方）を組み込むことで，授業や行事の狙っている成果をより一層高めることにもなる。それは，先生や保護者たちの次のような悩みを解消するのにも助けになりうる。

A	リーダーシップを発揮する環境作り
POINT 1	挑戦を作る
POINT 2	挑戦に本気にさせる
POINT 3	リーダーシップ発揮の必要性を組み込む

B	経験を成長につなげるための仕組み作り
POINT 1	個人のリーダーシップ目標を設定させる
POINT 2	サポートする
POINT 3	振り返らせる

図9-3 経験学習型リーダーシップ教育の基本形

- 尻を叩かれないと勉強しない。受験もまだ他人事みたい
- 他のことに夢中になっていてなかなか勉強しない
- 試験が終わったら勉強したことをすべて忘れてしまう。応用も苦手

このことは，「経験学習型リーダーシップ教育の基本形」のポイント（**図9-3**）をあらためて見てみるとよくわかる。

1つずつ見てみよう。

A リーダーシップを発揮する環境作り

POINT 1 挑戦を作る

たとえば家庭科の授業の中でチームに分かれて担任の先生に「牛乳とヨーグルトのどちらを勧めるか」を考える「ミッション」に取り組むことは成功すれば，単なる暗記ではなくしっかりした理解につながる。また調査力や理解力，そして思考力も高める。アメリカ修学旅行のために，先方が本当に喜ぶ文化交流の出し物を考えることは，社会科科目についての考え方や問題意識を深める。また調査力や理解力，そして思考力を高める。

POINT 2 挑戦に本気にさせる

挑戦に本気にさせるしかけがあることは，学習を形だけのものから実のあるものにする。たとえば班対抗の競争は生徒たちの本気度を上げる。生徒相互の

フィードバックは，先生や親の小言以上に生徒たちに効くことも珍しくない（大学生にもあてはまる）。

「インパクト体験棚卸し」から職業研究，研究小論文と連動していることは，これらが形だけのものではなく自分の将来につながっていると感じさせる効果がある。自分なりの目標ができると，学ぶことに対する意欲は俄然高まる。具体的になりたい職業がその時にわからなかったとしても（それは珍しくない），自分が将来やってみたいと思うことがあるだけで，力をつける目的ができるので，学ぶ意欲が高まる。

POINT 3 リーダーシップ発揮の必要性を組み込む

人は1人でやっているとあきらめやすい。それがチームとして成果を発揮しなければならない，そのために自分も欠けるわけにはいかないと思うと，がんばれる（それでもチームとしてあきらめてしまいそうな場合は後述のサポートが必要になる）。その結果，1人で勉強している時よりも高い成果を上げられる。またチームの中で1番わかっている人も，他の人にわかるように教える中で，より理解を深めることになる。

B 経験を成長につなげるための仕組み作り

POINT 1 個人のリーダーシップ目標を設定させる

今回の取材時点では，両校とも個人のリーダーシップ目標は設定していなかった。しかし，個人でリーダーシップ目標を設定することは，本人にとっての行動の意味を高め，実のあるものにする。たとえば「一瞬で伝わるような説明をできるようになる」というリーダーシップ目標を持っている人は，授業内でプレゼンする時でも，クラブ活動でチームメイトに説明をする時でも，一瞬で伝わるように努力をする。その結果，科目の学習内容もより深く理解され，定着しやすくなる。

POINT 2 サポートする

木村先生の授業の話を読むと，特に年度の最後の方は「先生は何もしていない」ように見えるかもしれない。しかしそれは，知識を教えていないだけであって，生徒たちが学ぶ力をつけるサポートをしている。これは，前述の淑徳与野高校演劇部の顧問の先生が，部員たちに「オーディションで何を重視するのか？」という問いを，ヒントとして与えつつ，生徒たちに考えさせていたことと通じる。このようなサポートによって考える力が高まると，知識を学ぶ力も高まる。

POINT 3 振り返りをさせる

振り返りは個人間の相互フィードバックとともに，チームプロセスの振り返りでもある。どちらも，具体的な現象から「どうしてうまくいったのか」「もっとうまくいかせるには何が必要だったのか」を考えさせている，つまり考える力を高めている。

3 主体的な学び方は教える側の役割を変える

ここまでで，高校でのリーダーシップ教育について，事例を見たうえで，通常の授業や既存の行事の中に組み込めること，そして授業や行事の効果を高める効果が期待できることを見てきた。最後の節では，リーダーシップ教育を組み込んだ時の，教える側の役割についてふれておきたい。

なお，リーダーシップ教育の考え方は，アクティブラーニングの考え方とかなり重なるのではないか，と気づいている読者もいると思う。アクティブラーニングには学び手の能動的な参加が不可欠であるから，学び手のリーダーシップが発揮されるほどやりやすくなる。一方，アクティブラーニングの場はリーダーシップ教育になる側面もある。したがって，ここで述べる教える側の役割は，アクティブラーニングとリーダーシップ教育の両方に当てはまる。

リーダーシップ教育／アクティブラーニングにおいては，次の3つの点で教える側の役割が変わってくる。

①すべてを教える → 学ぶ力を高めて自分で獲得させる
②管理・強制する → 動機づけをする
③紙の上の情報を覚えさせる → 生きた仕組みを学ばせる

①すべてを教える → 学ぶ力を高めて自分で獲得させる

「アクティブラーニングをやろうとすると，教える範囲をカバーしきれない」という悩みをよく聞く。確かにアクティブラーニングの授業1回でカバーできる学習範囲は，レクチャーで伝えられる範囲よりも狭い。

そこで，すべての知識を教えるという発想から，核となる知識と学び方を教えるという発想に切り替える必要がある。そこから先は自分で学びとるわけである。正確には学び方ですら直接教えるのではなく，学び方を学ぶ環境を作って，サポートをしながらその方法をつかませる。

②管理・強制する → 動機づけをする

「勉強は苦痛なものなので，強制されないとやらない」というイメージがある。そうすると，管理・強制するのが教える側の仕事になる。しかし，リーダーシップ教育の考え方を組み込むと，挑戦に本気にさせる，つまり動機づけをする部分が教える側の大事な仕事になる。その方法については第3章などで述べてきたので，1つだけ事例をあげることにとどめる。

淑徳与野では中学校でも『創作研究』という，高校の研究小論文にあたる自由研究がおこなわれている。夏休みの自由研究は多くの小学生とその親にとって悩みの種だが，それが年間を通しておこなわれている。2016年度までは淑徳与野中学校でも「形だけになってしまっているものも多い」という声が聞かれていたが，2017年度，これにテコ入れをした。その時に最も力を入れたのが「テーマ選び」である。本人が強い興味を持てるテーマを見つける方法を提示することと，それを研究に値する問いに仕立てるサポートをすることに力を入れ，後は基本的にそれまでとあまり変わらない方式を採った。先日，その発表会がおこなわれた。筆者は都合により出席できなかったが，前年度との差は歴然としていたとご報告いただいた。ゲームなどのプログラミングが好きだという生徒は，そのプログラムで動くロボットを作り，全国大会にまで参加していた。好きなロック歌手のアルバム16枚から，すべての歌詞を抜き出し，使われている単語やその比喩について調べあげた生徒もいた。いずれも膨大な時間のかかる作業だったはずだが「興味を持てるテーマ」に取り組んだからこそ，やりとげられたのではないだろうか。

③紙の上の情報を覚えさせる → 生きた仕組みを学ばせる

家庭科の保育のようなことは，教科書でただ学ぶと，高校生にとってはなじみの薄い単語の羅列になるだろう。それを自分たちに直接関係のあることであると気づかせ，自分の親や，将来の自分の視点で考えさせると，生きたものになってくる。アメリカの歴史や地理についても同様である。

そういう工夫をされている先生方は，すでにたくさんおられるだろう。その際，リーダーシップ教育の考え方を組み込むと，生徒たちがより主体的に，自分のこととして取り組むようになり，学びもより生きたものになる。

以上，高校におけるリーダーシップ教育導入の仕方と，その捉え方について考えてきた。リーダーシップ教育は，生徒たちがリーダーシップを発揮できるようにするだけでなく，学力面への好影響につながりうる。リーダーシップ教育を通じて生徒たちの主体性が高まり，考える力や表現する力が伸びることで，アクティブラーニングの効果が高まることや，教科の壁を越えた複合的な学びが進むと考えられるからである。

また，リーダーシップ教育は，必ずしも専用の授業時間を作る必要はなく，普段の授業の中や，クラブ活動，学校行事などのやり方を工夫することでおこなえる。その時，リーダーシップを発揮するために必要な要素（力・資質）を理解しておくと，それぞれの活動に強化する要素を割り振ることができる。

最後に，立教大学経営学部のある学生が，自分の持っている問題意識についてBL3-C（実践で学ぶ論理思考）の課題として書いた文章を紹介してこの章を終わりたい。

このエッセイにあるように面倒見のよい中学・高校が，生徒の主体性と学ぶ力を高める方向にその熱意を向けたら，個人にとっても社会にとっても大きなプラスになるのではないか。

column ある大学生の問題意識

立教大学経営学部BL3-C（実践で学ぶ論理思考）提出課題より

私が問題意識を持っていることは，受動的になりやすい教育制度です。受動的な教育環境が小学校から高校まで続くことで，本当の学び方を身につけることができずに大学まで来てしまうように思います。私たちは勉強を「させられる」ものとして捉えがちです。そのわけは学校のカリキュラムは決められており，みずから選び取ることがなかったからではないでしょうか。大学に入ってはじめてみずから授業を選ぶようになって，少しでも「させられる」勉強の負担を軽くしようと楽な授業を取ろうとしてしまいます。

ですが本来ならば自分が学びたいと思うかどうかで選択するべきです。そしてみずからが学びたいものならば，「させられる」という意識なく勉強・学びができるようになり，有意義な時間が過ごせるようになると思います。

しかし現状はというと，何をしたらいいのかわからなくなっている人も少なくないと思います。なぜこのようなことを思ったかというと，私自身大学に入って自分がどのようにふるまったらよいのかわからなくなっているからです。中学・高校を面倒見のよい私立に進学したことで普通以上に，与えられたことをこなしておけば成長するように組まれていたし，学校が思う「よい子」の枠からはみ出さないように，と自主的に何かをするようなことに消極的だったように思います。

そのため能動的に学びを得ようとするときにどうしていいかわからなくなります。その結果大学に入ってから気になることはたくさんあってもどのようにアプローチをかけていけばいいのかわからなくなっています。

第10章 企業の受け入れ態勢はどう変わっていくべきか

中原 淳

【インタビュー】人事コンサルタントから見たリーダーシップ教育

ここまでで，様々な教育機関における事例を紹介しながら，リーダーシップ教育の実践手法について説明してきた。本書実践編で見てきたように，大学や企業を中心にしたリーダーシップ開発，および，リーダーシップ教育の機会は，まだまだ発展の途上であるとはいいつつも，さらに裾野を広げ，いまや高等学校にまで及ぼうとしている。

このように教育機関側の教育のあり方に変化が訪れるのであれば，当然のこと，後続する社会や仕事領域にも変化が期待される。具体的には，教育機関のあとに人材を受け入れる側，とりわけ企業の受け入れ体制が課題になってくるであろう。

そこで本章ではまず，企業における状況と，今後必要と考えられる方向性について述べる。続いて具体的な対策について，新人・若手が育つ職場作りを専門とする，リクルートマネジメントソリューションズの主任研究員，桑原正義氏に伺う。

1 後続する環境の重要性

教育とは「教育機関」だけでは完結しない。教育機関において学ばれた内容が，いかに後続する社会・仕事領域において，活かされるのか，教育機関と仕事領域がいかに接合を果たすのか，ということが次なる課題になる。いわゆる「転移」課題である。ここで「転移」とは「教育機関で学ばれた内容が，仕事の現場で活かされ，成果を残すこと」をいう。

どんなに教育が充実しようとも，教室において学ばれた内容が転移されるかは，「後続する地点」において学習者がどのような「環境」に囲まれるかによる[※1]。より具体的にいえば，教育機関でどのような教育を受けようとも，当該学習者が，仕事領域に移行したあとに，どのような組織文化の，どのような職場環境で仕事をするかに，学ばれた内容が実践されるかどうかは依存してしまうということである。

ここで，筆者が，とりわけ懸念をもってしまうのは「企業」である。

教育機関におけるリーダーシップ教育でどんなに有為な人材を育成したとしても，そうした人材を企業がどのように処遇し，どのように受け止めてくれるかについては，課題も少なくない。本章では，こうした課題を「角削り」と「吹きこぼれ」というメタファで説明しようと思う。

教育機関でおこなわれたリーダーシップ教育の効果性を，企業において「角削り」したり，あるいは，処遇に困り果てて「吹きこぼれ」を生み出したりしてしまわないか，筆者には一抹の不安がある。

※1　関根雅泰・齊藤光弘（2017）研修転移．中原淳（編著）人材開発研究大全．東京大学出版会．pp.315-340.

2 教育機関のリーダーシップ教育，トランジションプロセスにおいて起こりうること

2.1 ポジティブな影響とネガティブな影響

教育機関で育てた人材を企業がいかに受け入れるか……ここにまつわる懸念を表明する前に，まずは，教育機関のリーダーシップ教育が企業に対してもたらす「ポジティブな影響」に着目してみよう。いまだ起きているかどうか実証されていない「懸念」にふれる前に，まず，我々は，ここに「希望」を見いだしたい。

我々が「リーダーシップ教育のポジティブな影響」として想定しうるのは，

①多様な職場メンバーの中で，リーダーシップ現象を生み出すことができる（リーダーシップ行動やフォロワーシップ行動をとることができる）
②主体性をもち，自己の意見を表明できるようになる
③集団における矛盾や葛藤に対してレジリエンスを発揮し，革新的な行動をとることができる

などである。ここに，我々はリーダーシップ教育の意義を感じる。

しかし，課題がないわけではない。先に述べたように，個人と組織にネガティブな影響ももたらすことも容易に想像できる。それを以下，「角削り」と「吹きこぼれ」という2つの観点に集約して論じていこう。

2.2 角削り

「角削り」とは，大学におけるリーダーシップ教育において教えられた価値や知識が，参入する企業の組織文化，職場文化と整合性を保てないがゆえに，組

織・職場側が過剰な社会化の努力を必要とすることを示唆するメタファである。いわば，教育機関のリーダーシップ教育において創り出された学習者の個性的な資質――いわゆる「角」を，企業や職場が多大な労力をかけて「丸めてしまうこと＝社会化」をいう。

たとえば容易に予想がつくのは「主体性の発揮」や「自己の意見の表明」といった行動である。これらの行動は，立教大学経営学部のリーダーシップ教育プログラムでは，重要な行動として学生に繰り返し教えられている内容であるが，企業によっては，新人や経験の浅いメンバーが，会議で主体的に発言することを求められないこともある。会議で不用意な発言が，職場の中にすでに存在する権力関係に緊張関係をもたらすものとして忌避されている，ということである。

筆者は仕事柄，社会人経験3年未満程度の若いビジネスパーソンにヒアリングをさせていただく機会がある。そのような中で，時にでてくるのは，「うちの組織は，採用のときには主体性などを評価していると述べるくせに，組織参入後は，丸くなれと言われ，徹底的に組織のヒエラルキーに適合する人材になることだけが求められる」といった類いの意見である。教育機関におけるリーダーシップ教育においては，通常の高等教育機関よりも主体性の発揮や，自分の意見の表明を評価する。このような中で教育を受けた学生は，当然のことながら，企業に入っても，それを行使しようとする。しかし，企業によっては，口では主体的な人材を欲しているといいながらも，実際に欲しているのは，日々のオペレーションを従順にまわす人材であったりすることがある。そのような人材を得るために，企業は多大なる社会化の努力を必要とする。これが「角削り」である。

人材開発研究に20年弱取り組んできて切に思うのは，伝統的な日本企業は，新人の社会化にかけるリソース，テクニックは非常に精緻なものをもっていることである。しかし，せっかく教育機関で有為な人材を育成しても，その「角」が削られるのであれば，その意味があまり認められない。筆者の第一の懸念は，ここに存在する。

2.3 吹きこぼれ

ドロップアウトを意味する「落ちこぼれ」という言葉は知っていても，「吹きこぼれ」という言葉に馴染みのない読者もいるだろう。「吹きこぼれ」とは，ある教育の一時点で優秀な成績をおさめた人物が，後続するシステムの提供するキャリアに飽き足らなくなり，離脱をしてしまう現象を指す。この言葉は，専門用語ではないものの，教育や人材マネジメントの実務に携わっている人々にとっては，馴染みのある言葉かもしれない。

この言葉が意味する具体的事態としては，教育機関のリーダーシップ教育で，学ぶ意欲・キャリア意識が覚醒され，リーダーシップ行動の原型を身につけた学生が，社会にトランジション（移行）を果たしたあとで，それに見合うだけの経験や仕事を職場で与えられずに，その場の仕事に飽き足らなくなり，組織からの離脱を考えてしまうことなどがあげられよう。

伝統的な日本企業では，充実した新入社員教育のあとは，管理職昇進まで長い実務担当者時期がある。組織や事業が成長フェイズにある場合，実務担当者時期には，新事業創出，新興市場の開拓，組織の再編，ジョイントベンチャーの創設，海外赴任など，個人の能力発達につながる仕事の機会（Developmental challenge）が組織内に生まれる。従業員にとっては，こうした事態はメンタルにも体力的にもタフさを要求されるが，別の言葉でいえば，否が応でも，これらを経験学習の機会と捉え，みずからの能力やキャリアを向上させることができるともいえる。実際，高度経済成長期には，日本の企業には様々なビジネス上の貴重な経験が存在しており，そこで働く従業員は能力発達の機会を得ることができたと推察される。

しかし，周知の通り，現在，伝統的日本企業のなかで，高度経済成長レベルの事業成長をとげているところはそう多くない。どちらかといえば，「成長市場」というよりは「成熟市場」の中で事業を継続しているところが多いように思われる。そして，そのような環境は，教育機関のリーダーシップ教育で覚醒された学生が，個人の能力発達につながる仕事の機会を与えられないことにつながる。せっかく身につけた高い学習意欲，キャリア意識に見合う仕事を職場で付与されず，獲得されたリーダーシップ行動が宝の持ち腐れになってしまう可能性がある。そうした場合に起こりえるのが「吹きこぼれ」の問題である。すなわち，会社での仕事の単調さに嫌気がさして，組織を早々に離脱し，自分の能力に見合う企業への転職を果たす，という事態である。

最近では，成熟市場に甘んじている伝統的な日本企業を忌避して，すぐにタフなアサインメントを与えられ，専門性を高めることのできる成長市場を開拓する海外の企業を選択する優秀な学生も少なくない。これが筆者の懸念する第二の問題である。

3 教育機関と企業における リーダーシップ開発の今後

前項まで，教育機関においてなされたリーダーシップ教育が，学生が企業に入ってからのトランジションにネガティブな影響を与えてしまうことを「角削り」と「吹きこぼれ」というメタファを用いて叙述的に私見を述べてきた。

こうした懸念を現実のものにしないための処方箋として考えられるものについて，最後に，本人にできること，大学にできること，企業にできることの3点から論じる。

まず本人にできることである。

リーダーシップ教育を受けた本人が認識するべきことは，企業がどのような人材マネジメントポリシーをもって従業員を雇用育成しているかを知ることである。

もちろん，就職の際には，企業規模（中小企業か大企業か）やブランドも，気になることもあろう。しかし，今後の就職にあっては，企業がそれぞれに保持する人材に対する考え方や人材マネジメントポリシーが，当人の能力開発上，きわめて重要なリソースになってくるであろうことが予想される。

みずからのキャリア開発や能力開発を自分で引き受けなければならない事態——いわゆる「キャリア自律」への要請が進展していくなかで，自分は，その企業でどのような業務経験を積み，どのような能力や専門性を伸ばし，今後，どのように働いていけるかについて，よりセンシティブになっていくことが重要であろう。そのために必要なのは，どの企業がどのように人材を捉え，どのように育成・処遇配置しているかについての実践的知識である。世の中には，残念ながら「次世代の組織を牽引するリーダーを欲しつつも，適切な発達的経験を積ませたり，リーダーシップ行動をとらせたりしない組織」が多数存在する。賢明な個人は，これまで以上に組織を見抜く目がほしい。教育機関で培ったリーダーシップ経験が，仕事現場に転移できる組織を見抜きたい。

次に大学にできることである。

本章で述べたように，教育機関において養成できるリーダーシップ行動のすべてが，組織や職場に転用できるわけではないことは言うまでもない。しかしながら，そのことに萎縮して，リーダーシップ教育をやめてしまうのは，あまりにも惜しい。むしろ，大学においてできることは教育機関から仕事領域へのトランジション（移行）が不明瞭になっていく中において，仕事領域において必要な能力形成を前倒しておこなっていくことである。自信をもって，それらのトランジション支援をおこなっていくことが望ましい。

加えて，大学においてできることは，教育機関で養成できるリーダーシップの能力が，いかに組織において発揮されるのか，あるいは，されないかについて縦断的にデータを取っていきながら，常にみずからの教育を革新していくことであろうと思われる。筆者の勤務する立教大学経営学部では，2018年よりリーダーシップの効果性にまつわる縦断研究をスタートする。この研究が，先鞭をつけ，リーダーシップ教育の普及につとめることができれば幸いである。

最後に企業についてである。

本章で述べたように企業が抱えるリスクとしては，強固すぎる社会化のテクニックによって教育機関で獲得されたリーダーシップ行動の目を摘み取ってしまう「角削り」や，あるいは，有為な人材に適切な経験を与えることができずに離職につながってしまう事態——いわゆる「吹きこぼれ」を多数生み出してしまうことである。

こうしたことを防止するためには，これまで以上に社員のキャリア開発や能力開発を縦断的に支援していくことを人事プロセスの中に実現することである。

特に，伝統的な日本企業においては，新入社員期においては熱心に新人教育をおこなうのに，それがすぎて実務担当者時期に入ると，積極的に能力開発の機会を与えないケースが散見される。

実務に従事する社員が，個々の能力を高め，みずからのキャリアを充実させるためには，社員一人ひとりに寄り添った能力開発機会の提供が求められる。そしてそれを可能にする人事データベースの一元的管理も当然のことながら，今後解決していかなければならない喫緊の課題である。

我が国は相対的に資源を持たない国である。教育機関と企業・組織が，ともにできることに尽力しながら，人材という資源を開発していくことが，これまで以上に求められる。

Front Line

VUCA時代のリーダーシップ教育と新人・若手の生かし方・育て方

株式会社リクルートマネジメントソリューションズ 主任研究員 桑原正義氏

大学等でのリーダーシップ教育を経てきた新人に対しては従来とは違った教育や接し方が必要になる。しかもリーダーシップ教育を経てきていない新人も混在するという，複雑な状況になる。かつ，そもそも新人への接し方を変えるべき状況がビジネス界では起きているという。新人・若手が育つ職場作りを専門とする，リクルートマネジメントソリューションズの主任研究員 桑原正義氏に話を伺ってみた。（聞き手：高橋俊之）

VUCAとミレニアルズが引き起こす新人若手の三重苦問題

高橋：今，企業の若手活用は非常に難しい状況にあるということですが。

桑原：「新人・若手の三重苦問題」と言われるものがあります。それは，「早期離職」「メンタル不全」そして「伸び悩み」ですね。大卒の3年以内離職率が約30パーセント。当社の調査では71パーセントの企業が新入社員の伸び悩みを経営課題としてあげています。新型うつ病患者を抱える企業が65%に上るという報道もありました。

伸び悩み	早期離職	メンタル不全
思うように育たない	早期離職者の増加	休職者の増加
71%の企業が課題として選択 (RMS人材マネジメント実態調査 2010)	大卒の3年以内離職率は約30% (厚生労働省　新規学卒者の離職状況に関する資料 2017)	職場の14%で発生している (RMSネット調査 2015) 65%の企業が新型うつを抱える (NHKスペシャル 2012)

図10-1 増加する新人・若手の三重苦問題 (リクルートマネジメントソリューションズ)

我慢	強制・不条理	叱られる
給食を残すと，休み時間を使って最後まで食べさせられる	悪いことをして，学校の廊下に立たされたり校庭を走らされたりする	親や学校の先生に，厳しく怒鳴られる

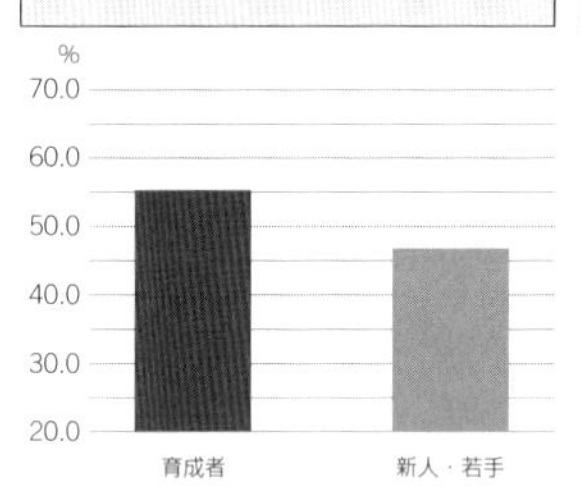

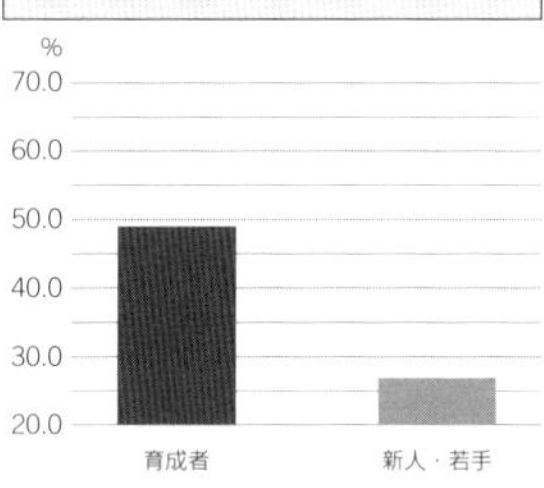

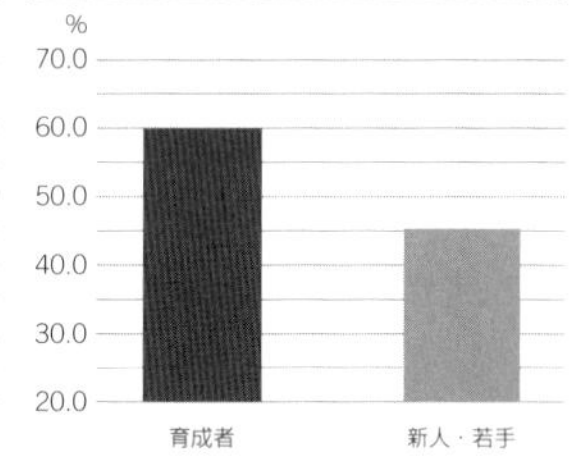

軋轢・踏み込み	不確実・関係構築	創造
友だちとケンカした後，腹を割って話し合い仲直りをする	学校や公園で知らない子と一緒に遊ぶ	ゲームやおもちゃがない中で，自分たちで新しい遊びを作って遊ぶ

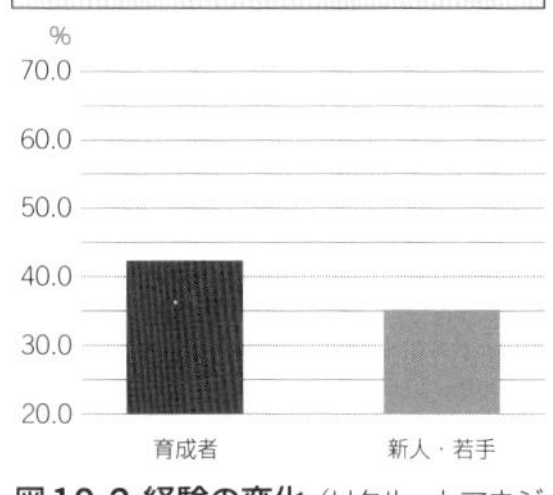

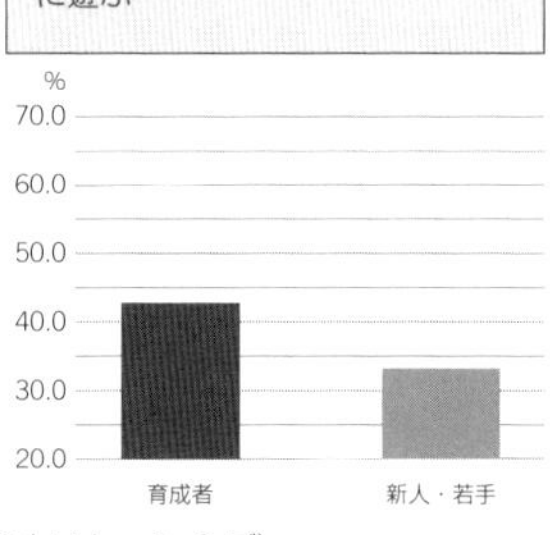

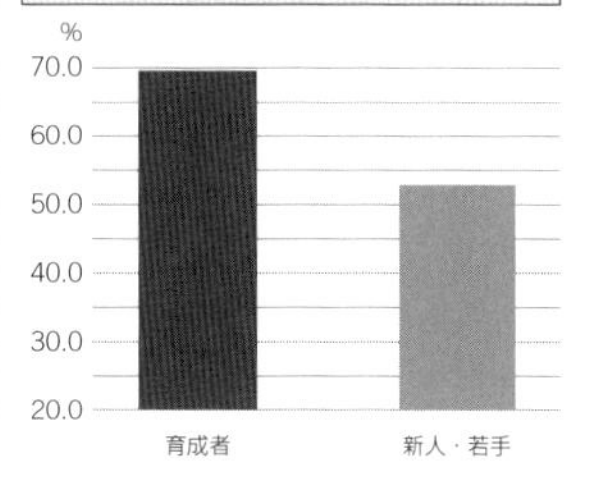

図10-2 経験の変化 (リクルートマネジメントソリューションズ)

高橋：その原因はどんなところにあるのでしょうか？

桑原：ビジネスの環境における「VUCA」と，「ミレニアルズ」と呼ばれる若者たちの育ってきた環境の両面にあると考えています。VUCAは変動性（Volatility），不確実性（Uncertainty），複雑性（Complexity），曖昧性（Ambiguity）の略です。VUCAの環境におけるビジネスでは，何が正解かがわかりにくく，前例に頼ることもできません。変化が速く，複雑で先が見通せない中で，新たな価値を生み出していくことが求められるわけです。そのような仕事のあり方は，経営者やリーダーだけでなく，新入社員を含むすべての若手（or従業員）が，それぞれの持ち場でリーダーシップを発揮することが求められるのです。

一方，1980年以降に生まれ，上司世代とは異なる育成環境で育った「ミレニアルズ」と呼ばれる若者たちは，そのような困難な環境を苦手とする傾向があります。職場の上司からは，「自分基準で物事を考え，意味や価値が感じられないことは進んでやろうとしない。失敗や間違いを恐れ，うまくいかないと自信を失い落ち込んでしまう」という指摘を受けがちです。

高橋：若い人たちも，一人ひとりがリーダーシップを発揮していかなくてはならない時代に，それを発揮しにくい世代が育ってきているということでしょうか？

桑原：そう思います。あくまで全体傾向ですが，今の若者は，経済的な豊かさと少子化の中で，ほしいものは手に入り兄弟げんかなどによる不条理も少ない中で育ってきています。教育においても親や先生から叱られたり無理矢理何かをさせられたりすることが減り，危険は事前に排除され，習いごとやテレビゲームなど与えられる環境の中で活動することが増えています。つまり，社会に出て直面するような困難――前例がなくあいまいで複雑な状況――を自分で乗り越える経験が積みにくい環境で育っているわけです。

さらに景気低迷による社員採用の縮小で，中堅層が薄いいびつな人員構成になっている企業にも若者を育てている余裕がありません。人員削減で業務量が増加していたり，成果主義のプレッシャーがあったり，働く人の多様化が進んで意思疎通が簡単ではなかったりと，育成には逆境となっています。

高橋：確かにそういう面は我々も学生たちと接していて感じます。彼らならではのよさとか強さもありますが，時代が求める力ということで言うと足りなくなりがちなわけですね。ミレニアルズ世代の学生をVUCA時代の社会人へとうまくトランジションさせるうえでも，大学におけるリーダーシップ教育が重要だと考えているのですが……。

桑原：はい。私も，何度も立教大学経営学部BLPの授業を取材させていただいていますが，すばらしい取り組みだと思っています。今や，どこの企業でも「自分で考えて動ける人」「周りを巻き込める人」を求めています。

リーダーシップ教育が企業で生かされるために

高橋：しかし，企業がリーダーシップを発揮できる人材を求めているということと，実際に，そのような若者がリーダーシップを発揮できるということとは別の問題ですよね？

桑原：そうです。たとえば，企業側が古い体質で，時代に合っていないやり方を「郷に入れば郷に従え」と押しつけるであるとか，雑用ばかりやらせていてもっと大きな仕事を任せないとか。成果主義の影響で「売り上げ目標達成」というような目先の数字を優先して，本質的な仕事の価値とか，やり方の見直しとかに取り組むことができない。そういう企業では，「できる」社員ほど，やる気を失って離職するということになりがちです。

高橋：BLP で活躍していた卒業生が就職先で「提案しても受け入れられない」という話をよく聞きます。彼らは自分の考えを持って動き，周りを巻き込む姿勢も持ち始めているのですが，まだ成長途上なので理想主義的すぎたり，見えていないところがあるのに自分が正しいと思い込んだりしてしまうところがあります。したがって，ただ，そこであきらめてしまわないように，また上司や先輩の目線を持つようにリーダーシップ教育をおこなうのは今後の学校側の課題だと思います。

一方で，企業はどういう対応をしていくべきだと思われますか？ 先ほど言われたような「今の若者の特性」を考えた時，リーダーシップ教育を経ている若者とそうでない若者の両方がいるというのは，さらに複雑になりますね。

人材育成は「コスト」ではなく「チャンス」

桑原：はい，難しい面はありますが，基本は一緒ではないかと考えています。1つは，若者との間に安心と信頼を築くこと。若者にはもともと意欲も力もあるのですが，失敗や否定の恐れなどから自分でブレーキをかけていることが多いものです。ですから，素の自分をさらけ出しても大丈夫だという安心や信頼を築くことで，思い切った行動を引き出せます。そのためには，「知る」「聴く」「見る」で若者の特徴や声を受信することが大切です。もう1つは，成長につながる振り返りです。ともすると自分基準になってしまいがちなものの見方を，振り返りによって「目的や相手の期待に向かう」見方，つまり「成果・成長につながる」見方に転換する支援が大事です。

高橋：なるほど。受信というのは興味深いですね。一般的な若者においては，育成側が「受け」になることで，彼らはむしろ「能動的」になる，ということですね。

桑原：はい。普通の人も含めて全員がリーダーシップを発揮することが求められる時代には，安心と信頼によって本来持つ力を引き出すことが不可欠です。そこでマネジメントのパラダイム転換が求められると考えていて，受信力＞発信力の受信型リーダーの時代だと考えています。

高橋：「受信型リーダー」という言葉を伺って思ったのですが，実は，若者から受信することが，育成者側の考え方を広げたり更新したりしていく機会になるのではないでしょうか。立教大学経営学部のBLPにおいては，教員とSAが毎授業時間後にミーティングを開き，情報交換しています。SAたちの提案は，現実を捉え切れていないことも多いのですが，彼らの発言の背景にある「ものの見方」は，既存のものに囚われていない分，本質を押さえていることがよくあります。

桑原：教員とSAのミーティングも拝見しましたが，とてもいいですね。企業はいま余裕がないので，会話や指導によって新人を育てる時間を「コスト」だと捉えがちですが，実はそうではないのです。その時間やその行為は，育てる側にとっても「新たな見方を取り入れる機会」であり，成長の機会であると考えた方がよいと思います。

高橋：確かに，実際に，BLPの連携企業として授業に参加されている企業の方々が，「大きな気づきがあった」と言われるのは，具体的なアイデアよりも，若者の見方に接することができたからなのだと思います。また，特にリーダーシップを発揮するタイプの若者からはそういうものが得やすいとも言えそうです。「大学でのプロジェクトワークに参加した社員が元気になって帰って来た」と言われことがあります。自分の会社が世の中に提供できる価値について学生たちが話し合っているのを聞いて，自分の初心を思い出したり，自分たちの仕事の価値を改めて考えることができたりしたからなのだそうです。

桑原：そういうことを，企業内でも，若い社員たちとキャリアの長い社員たちが一緒にできるといいですね。

高橋：そこだけは受信ばかりしていないで，自分個人がどういう価値を提供したいのか，なぜこの会社で働いているのかを，育成者自身，語るとよいのではないかと思います。今の若者には真面目で本質を求める人が増えていますから，それは彼らに響くと思います。ところで，もう１つの「成長につながる振り返り」についてはどうこれまでと違うのでしょう？

桑原：はい。そうやって若者が動き出した時にも，成功することもあれば，失敗することもあります。しかし，その結果や行動だけを振り返るのではなく，その行動の背後にある「ものの見方」を振り返らせることが大事です。それによって困難な場面で立ち止まってしま

表10-1 代表的な「ものの見方」（リクルートマネジメントソリューションズ）

	困難な場面で陥りやすい「ものの見方」	
1	失敗回避	失敗したらどうしよう。失敗するくらいなら，無理してやることはないのでは。
2	マイナス着眼	こんなこともできないなんて，自分はダメなのでは。向いていないのでは。
3	意味限定	何のためにやる必要があるのだろうか。もっと意味のある仕事ならがんばれるのに。
4	否定の恐れ	相手や周囲にどう思われるかが気になる。ダメな人だと思われたくない。
5	思い込み	自分の考えでよいだろう，合っているだろう。これでいいはずだ。
6	抱え込み	周りに迷惑はかけられない。自分で何とかしなければいけない。
	成果・成長につながりやすい「ものの見方」	
1	経験学習	たとえ上手くいかなくても，経験から学び次に生かせば大丈夫だ。失敗からも学べる。
2	プラス着眼	できるようになったこともあるし，ここは前から進んでいる。よいところもあるはずだ。
3	意味づけ	この仕事にも意味があるはずだ。やるからには，自分にとって○○の機会にしよう。
4	素直に出す	わからないことは素直に聞いたほうがよい。本音や気持ちを素直に伝えたほうがよい。
5	視野拡大	自分の考えややり方が正しいとは限らない。いろいろな選択肢を考えよう。
6	支援を得る	周囲に迷惑をかけないことよりも，仕事を進めるために支援を得ることも大切だ。

いがちなものの見方から，成果・成長につながりやすいものの見方へと転換していきたいわけです（**表10-1**）。

高橋：なるほど。とりわけ失敗した局面では「思い込み」の部分にある「自分の考えでよいだろう」というのが影響していそうですね。「意味限定」型で「こんな仕事に何の意味が……」というのは野心的／理想主義的なタイプに，「抱え込み」はがんばり屋タイプの人に多そうです。

桑原：リーダーシップ教育を経ていてもこのあたりは陥りやすいですよね。それを，育成者側が「こう変われ」と言ってしまうのではなく，問いかけによって，若手がみずから新しい物の見方を獲得するように持っていきたいわけです。たとえば「これは（その策を否定した）○○さんからはどう見えていたと思う？」とか，「なぜ，この仕事をいまだにやっているんだと思う？」といった問いかけをしていくわけですね。

高橋：振り返りによって経験から学ぶという姿勢を身につけさせるためには，周りの対応がそれと整合していることが重要ですね。たとえば失敗に対して頭ごなしに怒られたりマイナス評価がすぐ下されたりするようでは，経験から学ぼうというより失敗回避の考え方にどうしてもなってしまいます。短期的な成果主義の是非に関わるかもしれません。

桑原：それはありますね。学びや成長を加速させるなら，短期的な成果よりも，「狙っている方向に向かっているのか」で考えるべきなのだと思います。もちろん長期的に数字が上がらなければビジネスを続けていくことはできませんが，方向が正しければ行動と考え方を評価するようでないと，いきいきとした組織にしていくことは難しいと思います。

高橋：最後に，リーダーシップをどんどん発揮したい就活中の学生にアドバイスをするとしたら，どういう会社を選ぶようにアドバイスされますか？

桑原：人による部分もありますが，共通して言えるのは，方向性さえあっていれば失敗を許容し，若手の言うことを受け止め，生かそうとしてくれる会社ですね。提案を採用してくれるかというより，その先に進む方法を一緒に考え，よりよくするためのフィードバックをもらえるような。

もう1つは，内外でコラボレーションができている会社です。ただ「コラボをたくさんやっています」ということではなく，必要な人が協力し合い，大変でも楽しそうにやっているかどうか。リーダーシップは人に影響を与えることですから，コラボレーションがいろいろ起きているところは刺激的で成長も感じやすいと思います。特に，世代や業種・職種など，枠や壁を越えたコラボレーションが起きているところがいいですね。これらは会社説明や面接などでは本当のことはわかりにくいのでOBOG訪問やその他のネットワークで情報を得ていくとよいでしょうね。

くわはらまさよし●1992年4月人事測定研究所（現リクルートマネジメントソリューションズ）入社。営業，商品開発，マーケティングマネジャー，コンサルタント職を経て，2015年より現職。企業における人材育成に詳しい

終章 リーダーシップ教育の未来展望

日向野幹也・中原 淳

ここまで，授業や行事，クラブ活動等さまざまな事例を紹介しながら，大学や高等学校におけるリーダーシップ教育の実践方法を述べてきた。これを読まれた多くのみなさんが，ご自身の環境でリーダーシップ教育を始めたり，充実させたりするのに役立つと感じていただけていればうれしく思う。
最後の章では，リーダーシップ教育の今後の展望について考えていきたい。本章は本書の執筆者である日向野幹也と中原淳の対談形式でお伝えする。日向野は立教大学経営学部の初代BLP主査としてリーダーシップ教育の立ち上げと改善・普及に務めた後，現在は早稲田大学でリーダーシップ教育に取り組んでいる。中原は東京大学総合教育研究センターで企業の人材開発やアクティブラーニングなど，教育機関におけるさまざまな教育手法の研究に携わり，この4月から立教大学経営学部BLP主査を務め，その革新に挑戦している。

（聞き手：高橋俊之）

着実に広がっている大学のリーダーシップ教育

高橋：立教大学経営学部経営学科で学科生全員を対象としたリーダーシップ教育が始まったのは2006年です。日向野さんは，立ち上げから携わってこられた立場からご覧になって，現在のリーダーシップ教育普及の現状をどのように見ておられますか？

日向野：当時は国内のどこを見ても正課でリーダーシップ教育をやっているところはありませんでした。それを考えると隔世の感がありますね。この間，私が直接相談を受けただけでも十数校はありますし，BLPでは外部の方の見学や勉強会への参加を積極的に受け入れてきましたから，そういった機会にお出でいただいた学校，企業，マスコミの方々の数は1,000名ではきかないと思います。

高橋：どのあたりから加速したのでしょう？

日向野：最初に注目されたのは大学にアクティブラーニングの導入が始まった2012年ごろですね。その中で立教大学経営学部のBLPは，グループワークなどの形式だけでなく，「真に主体的な学び」が起きているとして注目されました。さらにマッキンゼーのコンサルタントだった伊賀康代さんが執筆された「採用基準」（2012 ダイヤモンド社）がベストセラーとなり，大学でも企業でもリーダーシップへの注目が集まるようになったと感じています。伊賀さんはこの本の中で「グローバルに活躍するために日本人が強化しなければいけないのはリーダーシップである」と書いています。そして，そこで言うリーダーシップとはまさに「すべての人が発揮するリーダーシップ」です。新卒採用においてリーダーシップが重要な採用基準になると言う考え方が広まって，一気にリーダーシップへの流れが来たように思います。また，BLPが2008年に文部科学省の「特色ある大学教育支援プログラム（特色GP）」に採択され，その後3年間の活動実績の審査があり，その結果，全国の特色GPのトップ15に選ばれ，学内・学外でさらに注目されるようになりました。

中原：僕は客員研究員としてMIT（マサチューセッツ工科大学）にいた2004年にはじめて「アクティブラーニング」という言葉を聞きました。この頃，アメリカの大学進学率はすでに60%を超えており，学生の質も勉学意欲も多様化して，ワンウエイの伝達型の講義では教育が機能しなくなってきていました。そのような大学が感じていた危機感に対する教育の改善運動として始まったものがアクティブラーニングだと理解しています。帰国後，2006年から東京大学の教養学部が大学院情報学環，大学総合教育研究センターなどと連携して，駒場キャンパスにアクティブラーニングの教室を作りました。そうした革新的な教育でさまざまな方法を研究していたところ，各方面から注目されるようになって，やはり多くの見学者や取材を受けるようになりました。そういった状況のなか，アクティブラーニングを実践する関係者の間で1つの疑問が生まれてきたんですね。それは，アクティブな学びだから学生が何かを身につけられるということはなく，ちゃんと課題解決までやらないと本当に必要な知識やスキルは獲得できないのではないかということです。ちょうどその頃，日向野さんが立教大学経営学部でリーダーシップ教育をやっていることを知り，凄いなと思ったのです。

「凄い」というのは，2つの意味があって，1つは，アクティブラーニングの手法を使ってリーダーシップを身につけるという成果に結びつけているところ，もう1つは，学部の全学生が必修科目として受講しているところです。一部の先生が「出島」のようなやり方をすることはできますが，学部全体で取り組むのは本当に難しいと思います。

日向野：立教大学経営学部でも2006年にスタートした時，BLPは2学科あるうちの経営学科だけだったのですが，入学初年時の「基礎演習」をリーダーシップ教育にしてしまおうと提案して，学部全体に広がりました。先生方にも「パーフェクト・スクエア」（※数名のグループが目隠しをして1本のロープを持ち，会話だけで正方形を作る）のようなワークを体験してもらったりして，一緒にプログラムを作り上げていく環境作りに務めました。そんな中，ある先生からウェルカムキャンプをやろうという提案があり，これによって入学前からリーダーシップへの意識を持たせられるようになったことも大き

日向野幹也

かったですね。

大学教育改革の流れのなかで

高橋：立教大学経営学部は学部設立というきっかけがありましたが，既存の大学や学部でリーダーシップ教育の導入が増えてきているのはなぜでしょう？

中原：先ほどお話したアメリカの大学における教育改善の動きに加え，2016年に中央教育審議会が出した大学教育改革の流れが，各大学の背中を押しているのではないでしょうか？ 不確実性の高まる社会に向け，大学はみずからの教育理念に基づく充実した教育をおこなわなければなりません。入り口（アドミッションポリシー），出口（ディプロマポリシー），中身（カリキュラムポリシー）の方針をしっかりと定め，教育課程を改革していくことが求められています。一方で，市場である18歳人口は年々減少しています。1992年のピーク時に205万人だったものが2018年には118万人と半数近くになっています。この間，大学進学率が高まることで定員を充足してきましたが，これ以上の進学率上昇が望めなくなり，今後，大学間の競争はますます激しくなっていきます。大学としては，なんとしても社会に求められる人材を育てていけるように変わらなくてはいけない，というモチベーションが働いているのだと思います。

このリーダーシップは女性に適性がある

日向野：そうなんです。それは最近の傾向で，たとえば四年制女子大が基礎教育のコア科目としてリーダーシップ科目を置く構想が次々と出てきています。

中原：人口減の中で，女子大はまさに岐路に立たされていると思います。女子教育路線をあきらめて共学化するか，特色ある新しい教育方針を打ち出すかです。そのとき，リーダーシップ教育というのは新しい教育の柱として女子大にフィットしやすいのではないでしょうか。本シリーズで述べてきたように，今求められている「だれもが発揮するリーダーシップ」という概念や「シェアド・リーダーシップ」「サーバント・リーダーシップ」などの概念は，女性がより取り組みやすい，むしろ，女性の方が得意としているものなのです。実際に，リーダーシップの効果性研究では，男性よりも女性の方がパフォーマンスが高いことを示す研究が多々あります。

中原 淳

高橋：「ダイバーシティ」や「女性が活躍する社会」などの社会の流れにも合っていますね。それから，こういったリーダーシップ教育の浸透が学生の学びの質や学生生活の質に与える影響も大きいように感じているのですが。立教大学経営学部で見ていても，これだけ大学の授業内で人と関わったり，社会のリアルな課題について考えたり話し合ったりということは，自分が学生時代の頃からすると大きな変化だと思います。

日向野：BLPを始めるときに注意したのはまさにそのことです。今風に言えば「ソーシャルに学び合うこと」を推進したかったのです。そのために，クラス分けの際にも，性別，学科，出身校，入試種別などのデータで偏りがないようにしたり，ウェルカムキャンプでグループワークをやって，新学期が始まったときには「プロジェクト友だち」がいて，学生が「ボッチ化」しないようにしました。第二志望，第三志望で入ってきた学生もすぐに学部になじみ，中退率も非常に低いという効果にもつながっています。単なる授業科目としてだけでなく，大学教育や大学生活を変えていくうえでも大きな役割を果たしているんですね。

中原：僕も立教大学経営学部のBLPに関わるようになって1年たったばかりですが，1学部400人の学生が，入学してからこれだけ短期間で大学教育に適応しているというのは珍しいと思います。学生同士，学生と教員の関係がより緊密ですね。立教大学経営学部の強みは，学生のあいだの「関係の質」だと思います。その関係の質が，学生一人ひとりの「行動の質」や「思考の質」に大きく影響しているのではないでしょうか。それから，リーダーシップ教育はメンタルタフネスをあげる効果もありますね。BL0で，何の予備知識もスキルもない新入生が企業の課題に取り組むということなど，冷静に考えたら，かなり厳しい課題です。それでも，やりとげてしまう。連携企業相手に堂々とプレゼンテーションしてしまうのです。僕は学生を指導する際，辛口のフィードバックをすることも多いのですが，学生たちはなかなかめげないんですね。それどころか，「先生フィードバックください」としつこいほどメールが来るんです。この「タフさ」や「前向きさ」は社会に出たら生きるだろうなと思います。

高大接続の動きが
高校のリーダーシップ教育を後押し

高橋：高校の動きについても，お伺いしたいのですが。

日向野：特色GPに裁定されたり（2008年），中央教育審議会が「予測困難な時代において生涯学び続け，主体的に考える力をはぐくむ大学へ」（2012）のなかで，模範事例として紹介されたことなどで，BLPの認知度が高まり，新聞・雑誌で様々な紹介されるようになってから，高校の先生方が授業を見学に来られるようになりました。

高橋：当時，高校の先生方の反応はいかがでしたか？

日向野：リーダーシップ教育が高校に受け入れられるのか半信半疑のところもあったのですが，意外と関心を持ってくれる方が多かったのです。先ほど中原さんからも話がありましたが，当時，高校で始まっていた「アクティブラーニング」だけでは行動改善につなげるのは難しいと考えている人が結構いたのです。

中原：これも先ほどの話とつながりますが，大学の教育改革は高大接続の話につながっていて，2020年に入学試験制度が大きく変わります。ここでは細かい説明はしませんが，一言で言うと，学力による一般入試の募集枠が減り，推薦やAO入試で自分の特技やリーダーシップをアピールして入学する枠が増えていきます。そのとき，高校時代の経験が重要になる。クラブ活動や生徒会活動だけでなく，どんなプロジェクトに取り組んだとか，どんなことに関心を持って研究したかなどが重要になります。高校側としても，その変化に対応するのは当然の流れと言えます。

高橋：高校の先生方とお話していると，「リーダーシップ」という言葉に対するアレルギーがあるということを聞きますが，そんなことを言ってもいられないのですね。

日向野：2016年度から東京都立高校で，道徳教育とキャリア教育を融合した「人間と社会」という科目がスタートしました。この教科書には，立教大学で使っていて，いまでは早稲田大学でも使っている「リーダーシップの最小三要素」がそのまま掲載されています。ついに公立高校の教科にリーダーシップ教育が組み込まれていくことになったのです。

中原：そういった公立高校の取り組みは大変重要なことですね。高校時代の学習歴をポートフォリオにして大学に入るようになると，高校時代にどんな学びや体験をしたかが重要になります。そのとき，やはり様々なプログラムを用意しやすい私立高校の生徒だけが有利になるようなことがあってはいけません。公立高校がどんな仕組みで生徒たちの「体験」の機会を増やすかが大切になります。経験学習や体験学習は，ともすれば，教育格差をうみだしやすいのです。公教育においても，そうした教育がますます充実することが求められます。

高橋：大学でも高校でもリーダーシップ教育を組み込むことで，これからの時代に合った教育がやりやすくなるのは自分の実感としてもわかります。ただ，やはり新しいカリキュラムや教育システムを導入するのは，それなりの困難があるはずです。

高橋俊之

リーダーシップ教育を立ち上げる教職員と学生スタッフの，リーダーシップ

高橋：日向野さんは，立教大学経営学部のリーダーシップ教育の主査（責任者）を11年間務められたうえで，また今度，新しく早稲田大学のリーダーシップ教育をスタートさせていらっしゃるわけですが，そのような困難に立ち向かっていくエネルギーの源泉はなんですか？

日向野：第一は，日本の学生たちに必要なことをおこなっていること，第二には，ゼロから立ち上げる楽しさですね。早稲田大学には，学生全員をグローバルリーダーに育てたいという目標があります。その中で，教員，職員，TA，CA，そして意識の高い学生たちや外部パートナーが一緒になって新しいものを作り上げていくワクワク感があります。リーダーシップ教育を立ち上げていく過程で，関わっている人たち全員がリーダーシップを発揮している雰囲気が大好きなんです。

中原：それはいいことですね。僕は2018年4月から立教大学に移籍してBLPの主査を拝命していますが，これまでの立教大学経営学部の社会的評価を，いかにして，さらに高めていくか，思案しています。ここまで続けてきたことで蓄積された「資本」は大きいと思います。しかし，カリキュラムとかシステムのようなものは，「魂」が入っていなければ一瞬で崩れ去ってしまいます。そして，その「魂」は人に依存します。「人との関わり」をベースとするリーダーシップ教育は，それを生み出す人々の間にもリーダーシップ現象が生まれていなければなりません。そういう意味で，私たちは，より一層の緊張感を持って取り組んでいかなければなりません。

リーダーシップ教育の未来

高橋：本書の使命は，リーダーシップ教育を推進している方々と，これから導入してみようと考えている方々に，参考にしていただくことです。今日のお話は，そういう大学，高校の関係者のみなさんを勇気づけてくれる内容だったと思います。私自身も，もっと挑戦してみようという気持ちがわいてきました。最後に，これまでリーダーシップ教育の先頭を走ってこられたお２人が，「リーダーシップ教育の未来」について，考えておられることをお話いただけますか？

日向野：リーダーシップ教育は今後も間違いなく広がっていくと思います。その時，それぞれの条件に合わせて独自性を求めることも出てくると思います。そこからイノベーションが生まれるのはとてもいいことなのですが，一方で，「こういうところは必ず押さえておこう」という芯のようなものは共有しておく必要があると思います。そのためにコンソーシアムのようなものを立ち上げたいと考えています。リーダーシップ教育に関わる人たちが情報交換をしたり，スキルアップをしたりしていくような場です。たとえば，立教大学経営学部の第一期生は今32歳。会社の中で中堅社員です。彼らが戻ってきて，自分が大学時代に学んだリーダーシップがどのように活かされたかを振り返ることで，自分自身の成長につなげたり，逆に，後輩たちの目標になったりすることもできるでしょう。また，立教大学経営学部のBLPで講師を務めた方々の中には，他大学の専任教員となり，リーダーシップ教育を進めていらっしゃるケースも少なくありません。そういう方々が，ご自身の経験をベースにアドバイスをしてくださったり，他の先生方と交流したりすることで，新しい知見を入手していただいたりする場にもなります。PBLに協力していただいている企業などからも人が集まってくる。高校の先生方も一緒になって，リーダーシップ教育のエデュケーターとしてのスキルを磨いていってもらいたいですね。

中原：リーダーシップほどKnowingとDoingが違うものはありません。リーダーシップ教育には3つの幻想があって，1つ目は，知識を身につければリーダーシップ教育だ，というもの。2つ目は優秀なリーダーや経営者の話を聞けば，それがリーダーシップ教育だというもの。3つ目は「地獄の特訓」のようなミリタリースタイルの経験がリーダーシップ教育になるというものです。しかし，経験と振り返りが組み込まれなければ効果はないということを押さえておく必要があります。
そのためにはリーダーシップ教育の効果をエビデンスベースで捉えていく必要があると考えています。この実践編序章のBLPを紹介する欄で，立教大学経営学部の偏差値が67.5になったと書かれていますが，もうこういう評価の仕方は終わりにしたいのです。リーダーシップ教育で育てていきたいのは，チームの中で影響力を発揮できる学生であり，そのことでチームを前進させることのできる学生です。学力偏差値が示す指標とはまったく異なる概念を持った教育です。ところが，そのリーダーシップ教育の教育効果を証明するエビデンスが，まだ取れていません。私は2018年度から立教大学でBLPの主査を務めているわけですが，重要な仕事の1つが，リーダーシップ教育の評価システムをBLPの中に組み込むことだと考えています。「こういうやり方をすればこういう効果が出てくる」というのを，しっかり測定するのです。長く企業の人材開発に携わってきて，30代40代の社会人に論理思考やリーダーシップを教えてきました。そこで常々感じていたのは「この方々がもっと早く学べていればもっとよかったのに」ということです。立教大学からBLP主査のお話をいただいて，それが実現したわけです。20歳前後の若者にリーダーシップを教えるということは，10年後20年後の日本の社会を作ることと同義です。わたしは，現場で，未来を作りたい。そういう意味でもやりがいを感じています。
日向野：未来の日本を作る仕事であることについて，まったく同意です。
高橋：この本を読まれて，同じように感じられる方々が増えることを願っています。今日はありがとうございました。

あとがき

今，本書が完成して一番に思うのは，ほっとした，とにかく大変だった，ということである。BLPの授業運営をしているだけでもかなり忙しく，月日はどんどん流れていき，締切が迫ってくる。また研究者と実践家の求めるものはかなり違うので，両者が読むにたえる本に仕立てることは難しく，試行錯誤の連続だった。これはとても無理だと思ったことも何度もあった。

それでもなんとかこの本を完成させよう，と思い続けられたのには2つの理由があった。1つ目は，「自分は必要とされる人間になれそうだ」と実感した学生たちがいきいきとしてくるのを，リーダーシップ教育の中で目のあたりにしていることである。共通のゴール達成のため，役割を探し，挑戦し，何かを成し遂げて，フィードバックを受けるというプロセスの中で表情や目の力が変わってくる。それまでは自信なさそうにしていた学生ほど，変化は大きい。これをもっと多くの若者に体験してほしい。またこれは，彼ら個人の幸せだけでなく，社会の前進の原動力になりうる。倫理性・市民性も備えた彼らが社会のあちこちでリーダーシップを発揮するようになるからである。

このことは2つ目の理由につながる。それは子どもたちのためである。私事ながら私には3人の子どもがいる。新しいリーダーシップ教育が広がることは，彼らが生きていく時代の社会作りにつながる。また彼らがそのような教育を受けられる可能性を高める。そして，彼ら自身が，これからの社会を前進させる一員となれる可能性を高める。

もちろん，この本1冊で変わるわけではない。しかし，立教大学経営学部でSA・CAたちの活躍と成長スピードを見ていると，彼らのような若者が日本中に増え，活躍の場を持てたら，すごいことになるのではと，ビジネス界出身の立場から思う。

そんな夢（ビジョン）をエネルギーに，この本を作るうえで果たしたいと考えていたのは,「どうやって結果につなげるのか」をお伝えすることであった。これまでたくさんの方がBLPの授業を見学に来られた。そして「とても参考になった」と言ってくださってうれしかったのだが,一方で,授業を見るだけでは「なぜそうやっているのか」や「どうやってそこまで持ってくるのか」をつかむのは難しいのではないかと感じていた。かといって,それを口頭でご説明するのも不可能である。そこで今回の本でお伝えしたいと思ったのである。

その本を作り上げていくプロセスは私にとって,まさにリーダーシップという社会現象の体験だった。共著者の先生方とは何度も,切り出すポイントや説明の仕方についてディスカッションさせていただき,とりわけ監修の中原先生と共編著者の舘野先生には研究的な補強についても力を貸していただいた。また小河原裕一さんには取材記事の執筆と編集で,松永大輔さんにはデザインで,本当にお世話になった。北大路書房の奥野浩之さんには,締切をなかなか守れない我々が本書を最大限早く世に出すために多大なお力添えをいただいた。実践女子大学の松下慶太先生,東京都立駒場高等学校の木村裕美先生,リクルートマネジメントソリューションズの桑原正義さんには,何度もお話をうかがい,私立淑徳与野中学・高等学校の黒田貴副校長には快く様々な情報を提供いただいた。そして本書に含められなかった方々も含めて,多忙な中,取材を受けてくださった方々がおられなければ,本書は生まれなかった。

また書籍に直接関わってくださった方々以外にもたくさんの方々のサポートをいただいた。とりわけBLP事務局の加藤走さん,山口牧さん,市川智子さんは,私たちがこの書籍に最大限の時間を割けるようBLP運営を進めてくださり,本当に感謝している。また私事ながら妻,嘉誉にも物理的,精神的両面で支えてもらった。

そして,このような書籍を作り上げられたのは,これまでの立教大学におけるリーダーシップ教育の挑戦と成長があったからである。開始以来関わってこられた教職員の方々,歴代SA・CAたち,学生たち,連携企業をはじめとする外部協力者の皆様のおかげである。

さて,こういうお話をしていると時々「やはり立教大学だからできるのでは」ということを言われる。確かに恵まれている面はあるだろう。しかし立教大学でも,たとえばかつてBL1は「論理思考は難しくてわからない」「意義が感じられない」と学生たちが言っていた時代もあった。授業中，寝ている学生もいた。そこから本書で述べてきたような工夫を組み込んだことで，変わってきた。また本書で取り上げてきたように，それぞれの強みを活かして，それぞれの状況に合ったリーダーシップ教育を実践されている方々は少なからずおられる。大事なのは，我々教育者自身が自分自身のリーダーシップ持論を鍛えながら，挑戦し続けることではないだろうか。そのために本書が少しでも役立つことを願ってやまない。また，我々も挑戦し続けていきたいと思う。

2018年5月11日
編著者代表　高橋俊之

プロフィール

高橋俊之（たかはし としゆき）............ 編著者

立教大学経営学部特任准教授。BL1・BL3-Cコースリーダー。淑徳与野中学・高等学校教育顧問。一橋大学法学部卒。ミシガン大学経営学修士（MBA）。株式会社グロービスにて執行役員，マネジメント・スクール統括責任者等を務めた後，SCHOOL OF 未来図を立ち上げ，論理思考教育，リーダーシップ教育やプロジェクト支援を行う。14年より現職。著書は『やりたいことを実現する実践論理思考』（東洋経済新報社），『ビジネスリーダーへのキャリアを考える技術・つくる技術』（東洋経済新報社）（編共著）など。

舘野泰一（たての よしかず）............... 編著者

立教大学経営学部助教。BLPウェルカムキャンプ設計担当，BL0コースリーダー。青山学院大学文学部教育学科卒。東京大学大学院学際情報学府修士課程・博士課程修了。博士（学際情報学）。大学と企業を架橋した人材育成に関する研究をおこなっている。具体的な研究として，リーダーシップ教育，大学と企業のトランジション調査など。著書は『アクティブトランジション 働くためのウォーミングアップ』（三省堂）（共編著），『人材開発研究大全』（東京大学出版会）（分担執筆）など。

石川 淳（いしかわ じゅん）

立教大学経営学部教授。立教大学リーダーシップ研究所所長。慶應義塾大学法学部卒。慶應義塾大学経営管理研究科修士課程・博士課程修了。博士（経営学）。専門は組織行動論で，リーダーシップ，モチベーション，チームと創造性がメインテーマ。主要著作に『シェアド・リーダーシップ：チーム全員の影響力』（中央経済社）（単著），『善き経営：GBIの実践と理論』（丸善雄松堂）（分担執筆）など。2014年には変革型リーダーシップに関する研究が，Pan-Pacific Business Conference XXXI Outstanding Paper Award受賞。

日向野幹也（ひがの みきなり）

早稲田大学大学総合研究センター教授。経済学博士（東京大学）。経済学から転じて，2006年立教大学経営学部BLP，13年立教大学GLP，16年早稲田大学LDP，と連続して3つのリーダーシップ教育プログラムをゼロから立ち上げて発展させ，現在も全国の大学や高校のリーダーシップ・プログラム立ち上げを支援中。著書は『大学教育アントレプレナーシップ』（初版2013年ナカニシヤ出版，増補版2017年Bookway）など。

中原 淳（なかはら じゅん）………………… 監修者

立教大学経営学部教授。BLP主査。博士（人間科学）。北海道旭川市生まれ。東京大学教育学部卒業，大阪大学大学院人間科学研究科，メディア教育開発センター（現・放送大学），米国・MIT客員研究員，東京大学講師・准教授等をへて，2018年より現職。企業・組織における人材開発・組織開発について研究している。単著（専門書）に『職場学習論』（東京大学出版会），『経営学習論』（東京大学出版会）。研究の詳細は，Blog：NAKAHARA-LAB.NET（http://www.nakahara-lab.net/）。Twitter ID：nakaharajun

リーダーシップ教育のフロンティア【実践編】

高校生・大学生・社会人を成長させる「全員発揮のリーダーシップ」

2018年6月10日　初版第1刷印刷
2018年6月20日　初版第1刷発行

定価はカバーに表示してあります。

監修者　中原 淳

編著者　高橋俊之
　　　　舘野泰一

発行所　（株）北大路書房
〒603-8303　京都市北区紫野十二坊町12-8
電話 075-431-0361（代）　FAX 075-431-9393　振替 01050-4-2083

取材・編集　小河原裕一
組版　松永大輔

印刷・製本　亜細亜印刷（株）

ISBN 978-4-7628-3023-5　Printed in Japan　©2018
検印省略　落丁・乱丁本はお取り替えいたします